**«Das sind die Augenblicke,
um derentwillen sich's
zu leben lohnt.»**

Stendhal, Lucien Leuwen

Inhalt

Prolog

Bonheur du jour – «Glück des Tages» – so nannte man einen kleinen Damenschreibtisch, der erstmals 1760 hergestellt wurde. Es handelt sich um ein Tischchen mit einem Aufsatz am hinteren Ende, der zur Aufnahme von Büchern und Papieren bestimmt ist. Um des Vergnügens willen zu schreiben galt damals als etwas spezifisch Weibliches. An der Wende vom 17. zum 18. Jahrhundert haben große Frauen wie Madame de Montespan und Madame de Maintenon eine bedeutende Rolle im politischen, literarischen und wirtschaftlichen Leben Frankreichs gespielt. Im 18. Jahrhundert protegierte die Favoritin Ludwigs XV., die aus dem Bürgertum stammende Marquise de Pompadour, geborene Poisson, sowohl Voltaire als auch Montesquieu. Sie setzte sich dafür ein, dass in Versailles weniger am Rokoko orientierte Möbel Einzug hielten. Die aus noch bescheideneren Verhältnissen stammende Comtesse du Barry, die Madame de Pompadour als

Favoritin des Königs ablöste, betätigte sich gleichfalls als Förderin der Literatur und der schönen Künste. Martin Carlin, damals der Kunstschreiner à la mode, fertigte eigens für sie ein Bonheur du jour aus Rosenholz.

Im 18. Jahrhundert veränderte sich in den höchsten Kreisen die Innenausstattung der Wohnungen. Im Boudoir, dem ganz privaten, allein den Damen vorbehaltenen Salon, fanden sich nun zahlreiche Kleinmöbel wie die Chaiselongue, der Nähtisch oder das Nähschränkchen. Ihr Erscheinen ist Ausdruck einer Weiterentwicklung des Empfindens und der Sitten, eines wachsenden weiblichen Einflusses auf das soziale, kulturelle und politische Leben wie auch einer Veränderung in den Vorstellungen von Sexualität und Erotik. (De Sades *Philosophie im Boudoir* erschien 1795.) Als materielle Übersetzung bürgerlichen Glücks ist der Bonheur du jour auch Symbol eines allgemeineren Bestrebens und vor allem eines Geschmacks an jener Literatur und Psychologie, die Madame de La Fayette mit ihrer 1678 anonym veröffentlichten *Prinzessin von Kleve* eingeführt hatte. Erst 1780 erschien eine Ausgabe, die den Namen der Autorin trug.

Im Namen des Glücks habe man im Zeitalter der Aufklärung die moralisierenden Utopien geschaffen und zynisch das Ansehen des Luxus und des Geldes gerechtfertigt, behauptet Robert Mauzi in seiner Dissertation von 1965, die bis heute als Standardwerk über das Glück und das 18. Jahrhundert gelten darf. Aber auch die freiheitlichen Ideen schöpften ihre Kraft aus diesem Streben nach Glück.

Haben wir diese Illusionen, diese Widersprüche und – trotz allem – auch diese Erwartungen inzwischen hinter uns gelassen?

Das Glück als Trend

«Das Glück liegt im Trend» titelte *Le Parisien Magazine* am 28. Oktober 2016, um etwas vorsichtiger mit der Frage fortzufahren: «Soziale Veränderung oder Marketingtrend?»

Die Vorsicht war weise, aber Erfolgsautoren wie Laurent Gounelle oder Frédéric Lenoir, die in ihren Werken das Thema Glück in Szene setzen und als «soziale Veränderung» präsentieren, haben genau deshalb Erfolg und ein breites Publikum. Die Frage nach dem individuellen Glück wird zumindest in unseren Breiten als eine Frage empfunden, die man stellen kann und soll.

Die Vereinten Nationen, so erinnert uns dieselbe Zeitung, haben das Glück ins Zentrum der Entwicklungspolitik gerückt. Sie schufen eine internationale

Einrichtung zur Erforschung des Glücks, die sich der Aufgabe widmet, den Gedanken des «gesellschaftlichen Glücks» zu popularisieren. Allenthalben herrscht Optimismus. Sieht man sich die Texte oder Verlautbarungen der Botschafter des Glücks an, gewinnt man rasch den Eindruck, man könne den Weg dorthin in drei Rezepten zusammenfassen: Wer glücklich sein möchte, sollte sich selbst kennen, auf den Augenblick achten und sich als nützlich für andere empfinden. Ein gewaltiges Programm, diese Synthese aus stoischer Weisheit und christlicher Nächstenliebe! Der Unternehmer Alexandre Jost gründete 2010 eine «Fabrique Spinoza», ein Ideenlabor, das das «Glück der Bürger», wie es in der Zeitung heißt, durch Konferenzen, Workshops und «positive Lobbyarbeit» bei Institutionen aus Politik und Wirtschaft fördern möchte. 2016 entwickelte man dort einen auf insgesamt 47 Fragen basierenden vierteljährlichen Glücksindex.

Wie wir weiter erfahren, entsteht gerade ein neuer Beruf. Nach Laurence Vanhée, die ihre berufliche Laufbahn als Leiterin einer Personalabteilung begonnen hatte, bevor sie die Stellung einer «Beauftragten für Glück» übernahm, hat der *chief happiness officer* eines Unternehmens die Aufgabe, Instrumente zur Förderung der beruflichen Entfaltung der Beschäftigten zu entwickeln: Flexibilität, Homeoffice, Neuzuschnitt der Aufgaben …

Die Idee ist nicht wirklich neu. Schon vor mehreren Jahren hat man damit in einem Betrieb von L'Oréal in Aulney experimentiert. Dort löste man sich von der Fließbandfertigung und erweiterte den Aufgabenbereich der einzelnen Positionen, sodass die jeweiligen Arbeiter eine ganze Phase im Produktionsprozess übernehmen konnten. Es bleibt allerdings zu klären, ob solche Veränderungen auch in großem Maßstab vorstellbar sind und tatsächlich realisiert werden. Und es darf nicht übersehen werden, dass eine solcherart im Rahmen des Unternehmens und nur in diesem Rahmen verstandene «Entfaltung» des Menschen die Glücksforschung gänzlich abhängig macht vom bestehenden politisch-ökonomischen System.

Zahlreiche Forschungen aus jüngerer Zeit haben deutlich gemacht, dass die neuen Arbeitsformen in Wirklichkeit zu immer größerer Isolierung führen. Die in mehreren französischen Unternehmen beobachteten Selbstmordwellen lassen erkennen, dass Behauptungen, wonach «das Glück in der Arbeit eine Grundtendenz darstellt», sich in erster Linie an die Verantwortlichen auf den Führungsebenen wenden und sie davon überzeugen sollen, dass ein glücklicher Beschäftigter besser arbeitet. Sie sind gleichermaßen eine Kritik an den Managern und ein Appell an jene, die von ihnen abhängen.

Daher sollte man diesen Glücksaposteln weniger

den Vorwurf machen, im Dienst des Systems zu stehen (sie sind nicht die einzigen und können, falls sie denn bei den Verantwortlichen Gehör finden, sogar Reformen und Anpassungen anregen, die durchaus von Nutzen für all jene sind, die das Glück haben, in Arbeit zu sein), als den Vorwurf, Worte zu verwenden, deren Bedeutung ihnen kaum klar ist. Was ist Glück?

In ihrem *World Happiness Report* versuchen die Vereinten Nationen, objektive Kriterien wie Bruttoinlandsprodukt und Lebenserwartung zu definieren und sie mit der Wahrnehmung ebendieser Größen zu kreuzen. Auf der Rangliste für das Jahr 2016 ist Frankreich auf Platz 32, wie die Zeitung anmerkt, ein «schlechter Schüler», es rangiert hinter Kolumbien, der Tschechischen Republik und Staaten wie Brasilien, Mexiko, Chile, Argentinien oder Uruguay [und Deutschland, das Platz 16 belegte] – sämtlich Länder, die ich ein wenig kenne. Ich schätze die Freundlichkeit der Menschen, die mir dort begegneten, aber ich muss gestehen, dass sie mir nie übermäßig optimistisch hinsichtlich der unmittelbaren Zukunft zu sein schienen. Frédéric Lenoir, der diese Rangliste für *Le Parisien Magazine* kommentiert, beklagt die kritische Einstellung der Franzosen, die stets nur sähen, was schlecht läuft, und bemängelt ihren «Individualismus»: «Die glücklichsten Länder Europas sind jene», so fügt er hinzu, «in denen die Solidarität am stärksten ausgeprägt ist, zum Beispiel die skandinavischen Länder, in denen der Gemeinsinn hoch entwickelt ist, oder auch die Länder Südeuropas, in denen die familiäre Solidarität große Bedeutung besitzt.»

Die für die nordeuropäischen Länder angeblich typische Wertschätzung des «Gemeinsinns» (tatsächlich belegt Dänemark im weltweiten Glücks-Ranking den ersten und Schweden den zehnten Platz) bestätigt die Sozialpolitik dieser Länder, sagt aber wenig über das Glück des Einzelnen. Statt auf Ingmar Bergmans Filme zu verweisen, deren bittere Schönheit ergreifende Bilder von Einsamkeit in Szene setzt, begnüge ich mich hier mit dem Hinweis auf die Unaufmerksamkeit Frédéric Lenoirs, der lächelnd auf einer halbseitigen Farbfotografie posiert, deren Untertitel seinen Gedanken zusammenfasst: «Die glücklichsten Länder sind jene, in denen die Solidarität am stärksten ausgeprägt ist.» Leider hat er vergessen, einen Blick auf die Rangplätze der südeuropäischen Länder im Bericht der Vereinten Nationen zu werfen: Spanien (Platz 37) schneidet schlechter ab als Frankreich, Italien belegt Platz 50, Portugal Platz 94 und Griechenland Platz 99. Offenbar bringt die familiäre Solidarität nur wenig Gewicht auf die Waage. Aber was wurde hier überhaupt gemessen?

Bemerkenswert an alledem ist, dass recht bald schon niemand mehr weiß, wovon die Rede ist. Muss zum Beispiel Individualismus notwendig als Weigerung verstanden werden, sich für andere Menschen zu interessieren, oder aber im Sinne der Stoiker als Ausrichtung an einem Ich-Ideal?

Was nun das Glück betrifft, so scheint man mangels einer präzisen Definition anzunehmen oder zu postulieren, dass es sich dabei um einen dauerhaften Zustand handelt, den anzustreben ganz normal ist. Eine lange, von den Stoikern ausgehende Tradition setzt dieser unterstellten Dauerhaftigkeit des Glückszustands die fiebrige Erregung der Unruhigen entgegen (denen es an der Ruhe und Gelassenheit des Weisen fehlt). Das Christentum fügte dem das Versprechen ewigen Glücks hinzu. Das Streben nach glücklicher Heiterkeit kontrastiert heute natürlich mit dem permanenten Wettbewerb im siegreichen Kapitalismus, aber auch mit dem vergeblichen Protest der an den Rand Gedrängten und aus dem System Ausgeschlossenen. Laurent Gounelle fasst die gegenwärtige Krise und die von ihm vorgeschlagene Lösung so zusammen: «In all meinen Romanen begeben sich meine Leser selbst auf Sinnsuche. Sie möchten sich verwirklichen, sie glauben nicht mehr an das versprochene Ideal der Konsumgesellschaft.» Und er schließt mit einem Optimismus, der ganz dem Lächeln entspricht, das auch er auf einem großen Foto in der Zeitung zeigt: «Wir erleben eine Zivilisationskrise, die zu einem auf der Selbstverwirklichung des Menschen basierenden Gesellschaftsmodell führen wird.»

Es ist aufschlussreich, dass eine Boulevardzeitung mehrere Seiten einer «Untersuchung» über das Glück widmet, und auch, dass sie so klug ist, nicht Partei zu ergreifen, und eine gewisse Zurückhaltung gegenüber jenen übt, die Glücksrezepte vorschlagen und dabei zugleich für ihre Bücher werben. Eine Seite befasst sich mit dem jüngsten Buch von Luc Ferry. Auch er hat Anrecht auf ein Foto, aber er missbilligt die These, wonach das Glück nicht von der Realität abhängt, sondern davon, wie man sie sieht, und er warnt, dass die Aufforderung, glücklich zu sein, das Risiko einer gefährlichen Täuschung in sich berge.

Dieselbe Ambivalenz zeigt sich auch in der Konsumgesellschaft, die ihrer selbst sicher genug ist, um auch jene zu fördern, die deren Exzesse und Perversität verdammen. Aber jenseits der Erwägungen, bei denen es letztlich stets und unabhängig von den Motiven ihrer Urheber um Ertrag und Produktivität geht, wird eine allgemeine Frage nach dem Sinn des individuellen Daseins sichtbar, die man zweifellos als metaphysisch bezeichnen darf. Auf intellektueller Ebene sind Krisensituationen für solche Fragestellungen förderlich: Der Sinn des eigenen Lebens hängst zunächst einmal von dem Verhältnis zum anderen ab. Jegliche gesonderte Identität erwächst aus der Beziehung zum anderen, die sich als konstitutiv für sozialen Sinn erweist. Wenn wir den Ausdruck «Sinn» in seiner weiten und vagen Bedeutung verwenden (wie etwa in dem Ausdruck «Sinnkrise»), geht es oft um diesen ersten «Sinn», diese erste «Bedeutung», die hier tatsächlich im Spiel ist und als Auslöser für eine weiterreichende und vagere Frage nach dem Sinn des Daseins fungiert.

So scheint es denn nicht nur legitim, sondern geradezu unerlässlich zu sein, in groben Umrissen eine Anthropologie des Glücks zu skizzieren, verstanden als «angewandte Wissenschaft des Subjekts» (Michel de Certeau), die jenseits besonderer Umstände die Wege erforscht, auf denen der Einzelne in seinem Alltag versucht, seine Verbindung zu anderen aufrechtzuerhalten und neue Bande zu knüpfen.

Unter diesen Umständen scheint es paradox, dass es zu der Bedeutungserweiterung, die manche Autoren veranlasst, sich an die Erforschung des Glücksbegriffs zu machen (von Luc Ferry mit seinen *sieben Arten, glücklich zu sein,* bis zu Alain Badious *Philosophie des wahren Glücks*), ausgerechnet in einer Zeit wachsender Beunruhigung kommt, in der Gründe für Ängste aller Art angesichts der politischen, ökonomischen, sozialen und auch moralischen Lage tagtäglich ans Licht treten. Während die Beunruhigung angesichts diverser drückender Bedrohungen zunimmt, spricht man in Europa über das Glück. Es handelt sich jedoch nur scheinbar um ein Paradox, denn in ungewissen Zeiten ist es ganz normal, nach einem Rettungsanker zu suchen.

Glück im Plural

Dieses Buch handelt nicht vom Glück schlechthin, sondern von Glücksmomenten, also gleichsam vom Glück im Plural.

Die Menschheit ist nicht unterteilt in Glückliche und Unglückliche. Doch zweifellos ist der Begriff des Unglücks unmittelbarer einsichtig, da plötzliche Unglücke mit der gleichgültigen Brutalität der Natur zuschlagen. Wenn uns ein geliebtes Wesen zeitweilig oder für immer verlässt, spüren wir diesen Verlust zuweilen stärker als unsere Liebe zu ihm. Oder vielmehr, an dem Schmerz, den die Gewissheit uns bereitet, für immer seiner Anwesenheit beraubt zu sein, messen wir die Bedeutung, die es in unserem alltäglichen Dasein besaß. Deshalb löst der Verlust eines geliebten Wesens oft Schuldgefühle aus. Wir erinnern uns an intime Augenblicke, die wir vielleicht als einzige intensiv nacherleben.

Wir wissen nicht, ob der andere, nun aus unserem Leben Verschwundene noch daran denkt, und wenn dieser andere tot ist, wissen wir, dass wir nun endgültig allein mit unserem launenhaften Gedächtnis sind.

Wir wollen hier in einer Umkehrung des üblichen Vorgehens einen bescheiden anthropologischen Umweg machen und uns ansehen, bei welchen Gelegenheiten und unter welchen Umständen wir – ein jeder für sich – gelegentlich von der sinnlichen Gewissheit eines glücklichen Augenblicks, einer glücklichen Bewegung erfasst werden. Eines Augenblicks, nicht eines Zustands. Einer Bewegung, nicht einer dauerhaften Bewegungslosigkeit.

Es gibt zahlreiche Worte zur Bezeichnung solcher Gemütsbewegungen. Aber die Freude, der Jubel, die Begeisterung, die sich unserer «bemächtigen», werden meist als etwas von außen Kommendes empfunden, dem wir erliegen, als hätte es von uns «Besitz ergriffen» – ganz anders als das Glück, das zugleich als stabiler Zustand und als etwas von innen Kommendes definiert ist, als Ausdruck unseres tiefsten Ich. Dieser Gegensatz zwischen außen und innen, Flüchtigkeit und Dauer wird glücklicherweise von der französischen Sprache in Frage gestellt: Da sie es erlaubt, von Glück im Plural zu sprechen, kennt sie [anders als das Deutsche] neben dem Singular *le bonheur* doch auch den Plural *les bonheurs*. Beim italienischen *felicitá* ist die

Sache schwieriger. Im Französischen verweist *félicité* eher auf einen Zustand der Seligkeit, dessen Vorbild die Gottesschau der ins ewige Leben eingegangenen Glückseligen ist. Mit dem Glück im Plural kehren wir zur Erde und den Sterblichen zurück, zu den Menschen aus Fleisch und Blut mit ihren Erwartungen, Enttäuschungen, Ängsten und Hoffnungen. Das lädt uns ein, nach der Präsenz und der Rolle der Sinne in der Abgrenzung glücklicher Augenblicke zu fragen.

Es ist zugleich genauer, interessanter und weniger ideologisch, vom Glück eher im Plural als im Singular zu sprechen, weil es darum geht, Tatsachen, Ereignisse und Einstellungen zu erkunden statt sich über eine Abstraktion, den Begriff des Glücks im Allgemeinen, auszulassen. Im Leben eines Menschen gibt es unvermittelte Glücksmomente, die sich einstellen, obwohl die Umstände nicht dafür geeignet erscheinen, die aber trotzdem da sind und sich gegen alle Widrigkeiten durchsetzen, sodass sie dauerhaft im Gedächtnis bleiben.

Die Existenz solcher Glücksmomente kann uns etwas lehren über die Identität des einzelnen und das Verhältnis zu den anderen wie auch zu Raum und Zeit, also zur symbolischen Konstitution des Menschen. Das ist die anthropologische Dimension. Das Verhältnis zu den anderen ist bei allen Glücksmomenten im Spiel. Das Verhältnis zu sich selbst und das Verhältnis zu den anderen sind untrennbar miteinander verbunden; Rousseau etwa genoss die Freuden des einsamen Spaziergängers am stärksten, wenn er von Freunden umgeben war, also in Gesellschaft und nicht isoliert.

Die genauere Erkundung solcher Glücksmomente zeigt, dass sie stets mit der Wahrnehmung einer Bewegung verbunden sind: von einem Ort zu einem anderen, einem Augenblick zu einem anderen, einem Wesen zu einem anderen.

So beruht die poetische Aufladung des Wortes «Heimkehr» darauf, dass es untrennbar auf Raum und Zeit verweist. Die Nomadengesellschaften sind solche der ewigen Wiederkehr, wenn sie wie die Fulbe auf jeder Etappe ihrer Wanderung dem Boden die unveränderte Konfiguration ihres sozialen Raumes aufprägen. Man kann die poetische Kraft der «Heimkehr» in unterschiedlichen Kontexten beobachten. Ein Beispiel ist die Rückkehr zur Wiege der Familie in den Sommerferien, eine geographische und zugleich eine illusorische Rückkehr in die Kindheit, ein anderes das Tourneetheater, dessen Protagonisten sich jeden Abend in denselben Kulissen, aber in einer anderen Stadt wiederfinden.

Den «alten Kämpen» dagegen, angefangen mit

Odysseus, fiel es stets schwer, wirklich heimzukehren aus den Kriegen, und das zweifellos wegen der Unumkehrbarkeit der Zeit. Im Augenblick der Rückkehr hat sich etwas verändert, und sei es nur der Blick, den wir auf die Außenwelt werfen (Proust ist bei seiner Rückkehr nach Illiers enttäuscht von der Enge der Landschaft).

Hier stellt sich die Frage nach dem Glück des Schaffenden. Nach dem Schauspieler auf der Bühne, der von seinem Publikum «getragen» wird. Nach dem Autor, der wissen muss, dass er zumindest von einigen Menschen gelesen oder gehört wird, um sein Glück im Schreiben zu finden und gelegentlich auch das «Glück des Schreibens», das ebenso ein Wunder ist wie die Glücksmomente im Leben.

Die flüchtigen Augenblicke des Glücks sind sehr aufschlussreich. Erst wenn sie vergangen sind, wird uns klar, wie notwendig sie sind. Erst wenn wir ans Bett gefesselt sind, erkennen wir, wie kostbar auch der kleinste Spaziergang durch die Stadt ist. Außerdem sagen sie uns etwas über soziale Bande und Einsamkeit, über Vergangenheit und Zukunft. Und auch etwas über die gegenwärtige Ungleichheit der Schicksale. Migranten ohne Hoffnung auf eine Rückkehr kennen vielleicht Augenblicke des Glücks, sind aber dazu verurteilt, nur in der Zukunft zu leben. Das verdammt sie in gewisser Weise zum Heroismus.

Das Alter dagegen verurteilt uns nicht dazu, keine glücklichen Augenblicke mehr zu erleben. Vielleicht ist es sogar eine notwendige Bedingung für solche Augenblicke, wenn die Versprechungen des Jüngsten Gerichts, der Auferstehung des Fleisches und des glorreichen Leibes nicht mehr geglaubt werden. Das Alter macht es möglich, generationsübergreifende Glücksmomente zu erleben – der einzig greifbare Beweis für die Existenz des Gattungswesens Mensch, unabhängig von Herkunft, Geschlecht und Geburtsdatum. Die mit dem Alter verbundenen Freuden sind also durchaus nicht dem Zustand der Senilität vorbehalten, wie Cioran mit fröhlichem Pessimismus behauptete.

Dieses Buch handelt von Glücksmomenten, von flüchtigen Eindrücken und zerbrechlichen Erinnerungen. Es erhebt nicht den Anspruch, eine Metaphysik des Glücks zu sein (wie der französische Originaltitel von Badious Buch sie verspricht). Allerdings verpflichtet das Thema den, der sich damit befasst, einige persönliche Beispiele einzubringen, da nur sie ein Minimum an Stichhaltigkeit gewährleisten. So entsteht durch die Auswahl der kleinen Glücksmomente unvermeidlich auch ein anachronistisches Selbstporträt des Autors – was dem Text zuweilen den Charakter eines ungeordneten Bordbuchs gibt. Dieses «Bordbuch» möchte in einen Dialog mit dem Leser treten, ihn wie in einem Gespräch zum Zeugen nehmen und die laufenden Ereignisse kommentieren, selbst wenn diese die Möglichkeit solcher glücklichen Augenblicke zu bestreiten scheinen, wie das heute so oft geschieht in unserer abwechselnd oder zugleich tragischen und lächerlichen, bedrohlichen und begeisternden Welt, in der wir, ein jeder für sich, versuchen, wie Voltaire dies empfahl, «unseren Garten zu bestellen».

1
Glücksmomente, die allen Widrigkeiten trotzen

Wie kommt es, dass mich seit einiger Zeit der Wunsch kitzelt, provoziert, reizt und doch auch leicht beunruhigt, über das Glück zu schreiben, oder vielmehr über Augenblicke des Glücks? Nicht über entschwundene, vergangene Glücksmomente (das «verwelkte Glück», von dem Trenet in seinem Chanson «Que reste-t-il de nos amours?» sang), sondern über aktuelle Augenblicke dieser Art. Aber Achtung! Es geht mir nicht um eine Aufforderung oder gar Anweisung im Stil von: «Seien Sie glücklich!» Ich möchte nicht über das Glück sprechen, sondern über Glücksmomente – der Plural wirkt hier bescheidener als der Singular. Über Augenblicke des Glücks, die den Zeitläuften und dem Schrecken, Alter und Krankheit widerstehen. Über Glücksmomente, die sich trotz aller Widrigkeiten einfinden. Die dem Alltag standhalten, weil sie sich inmitten unserer Verwirrung oder unserer Gedanken einstellen. Denen man auf der Straße begegnet, wie man dort zufällig auf einen Freund stößt oder auf ein unbekanntes Gesicht mit dennoch bekannten Zügen.

Warum? Ja, warum?

Weil ich den Eindruck habe, dass solche Glücksmomente zäh sind, sich nicht gleich in eine allgemeine Verdrossenheit auflösen und erst recht nicht verschwinden angesichts der diffusen Ängste oder der allgemeinen Panik, die heute zum Beispiel durch die von irrsinnigen Anhängern Allahs ausgehende Bedrohung ausgelöst werden. Es sind private, von jedem allgemeinen Kontext unabhängige Glücksmomente. Pingelige Geister könnten sie als «egoistisch» bezeichnen. Besser sollte man sie jedoch unsinkbar nennen, weil sie den Stürmen, die unsere Seele erschüttern, und den Überschwemmungen, die sie ersticken und ertränken, zu trotzen vermögen. In meiner Kindheit hat man mir erzählt, ein amerikanischer General habe von der Landung der Alliierten in der Normandie vor allem den starken Schnupfen in Erinnerung behalten, der ihn an diesem Tag quälte. Das heißt gewiss nicht, dass ihm der Einsatz, um den es in dieser Schlacht ging, oder das Leben der seinem Befehl Unterstellten gleichgültig gewesen wären. Ich möchte lediglich sagen und sogar behaupten, dass es Glücksmomente gibt, die gewisse Ähnlichkeiten mit diesem Schnupfen haben. Sind sie erst einmal da, widerstehen sie allem, nehmen das Denken eines Menschen in Beschlag und bleiben ihm in Erinnerung, und das selbst in den schwierigsten Augenblicken seines Lebens einschließlich der dramatischsten Ereignisse und der schlimmsten Katastrophen. Genau das gilt für Glücksmomente, die allen Widrigkeiten trotzen.

Aber, so werden Sie fragen, was sind denn solche Glücksmomente? Nennen Sie ein paar Beispiele! Das ist eine naheliegende, wenn auch schwierige Frage. Denn diese Glücksmomente, diese Augenblicke des Glücks sind per definitionem individuell. Man kann unmöglich eine exemplarische Liste aufstellen. Dennoch dürften alle bei etwas genauerem Nachdenken erleben, wie solche Augenblicke sich mehr oder weniger deutlich und zuweilen ein wenig verschwommen auf dem Schirm ihres Gedächtnisses abzeichnen.

Es sind einfache Freuden, und erst wenn wir ihrer beraubt sind, erkennen wir, welch ein vitales Bedürfnis wir danach haben. Dieser Entzug kann viele Ursachen haben, schwerwiegende oder weniger gravierende, individuelle oder kollektive: eine Krankheit, einen Krankenhausaufenthalt, einen Krieg … Derartige «Behinderungen» lassen uns genauer erkennen, was sie denn tatsächlich verhindern oder unmöglich machen, und konfrontieren uns angesichts mangelnder Alternativen mit einer gebieterischen Notwendigkeit. So beraubt uns ein Krankenhausaufenthalt unserer Bewegungsfreiheit. Plötzlich sind wir ans Bett gefesselt und gefangen in einem Raum, den wir womöglich mit anderen teilen. Ich sage nicht, diese Situation nehme uns jede Möglichkeit zu kleinen Freuden, aber wir erkennen nun deutlicher, dass uns gewisse Dinge fehlen, deren Bedeutung wir im Kontrast und im Rückblick nun besser verstehen. Die Bewegung, die uns jetzt nicht mehr möglich ist, war eine angenehme Erfahrung von Freiheit. Was gäben wir nicht dafür, wenn wir wieder ein paar Schritte auf der Straße gehen, beim Zeitschriftenhändler vorbeisehen, ein paar vage fatalistische Worte über den aktuellen Zustand der Welt mit ihm wechseln und anschließend in einem Bistro einen Kaffee trinken oder durch das Viertel schlendern könnten, ohne an irgendetwas zu denken? All das sind Bewegungen im Raum, die in unserem Tagesablauf einen so natürlichen und gewohnten Platz einnehmen, dass wir sie gar nicht mehr wahrnehmen. Einen Kaffee zu trinken bereitete uns nicht immer eine besonders intensive Befriedigung, uns über das aktuelle Geschehen zu informieren noch weniger, aber man braucht nur eine Weile dieser kleinen Freiheiten beraubt zu sein, um deren Wert zu ermessen und das Bedürfnis danach zu spüren. Unsere Ansprüche sind nun bescheidener und zugleich wesentlicher – als würde uns plötzlich der dünne Faden bewusst, der unseren Tagesablauf zusammenhielt und uns das Leben erleichterte.

1972 wurde mein Großvater wegen einer schweren Darmerkrankung ins Krankenhaus in Concarneau eingeliefert. Ich besuchte ihn dort, und wegen einer zeitweiligen Besserung aufgrund einer Lokalanästhesie erhielt er die Erlaubnis, für einen halben Tag in sein Haus zu fahren, das kaum zehn Kilometer entfernt lag. Eigentlich war da nichts Freudiges an dieser, wie er selbst und ich glaubten, letzten Fahrt in das Haus, das ich mehr als zwanzig Jahre lang in den Schulferien regelmäßig besucht hatte und in dem wir uns – wie erst kürzlich noch – immer wieder voll Freude gesehen hatten, sobald ich nur einen Abstecher in die Bretagne machen konnte. Auf der Fahrt dorthin wunderte ich mich über sein Verhalten. Er hatte seine schwatzhafte und witzige Seite wiederentdeckt, konnte seine Freude gar nicht bändigen, scherzte und strich gegenüber dem Taxifahrer, der ihm geduldig zuhörte, die bemerkenswerten Verdienste seines Enkels heraus. Es war eine Offenbarung. Mir wurde plötzlich klar, dass er sich vom Gedanken an eine Rückkehr bereits verabschiedet und alle Hoffnung verloren hatte, jemals nach Hause zurückzukehren. Und dass diese Eskapade einer Auferstehung glich, einer Rache am Schicksal. Wir gingen ins Haus und setzten uns wie üblich an den Küchentisch. Wir sprachen nur wenig. Erinnerungen an meine Großmutter wurden wach, die ein paar Monate zuvor von uns gegangen war. Ein wortloser Austausch, ein kurzes Lächeln hier und da.

Schon wenig später stand mein Großvater auf, öffnete die Tür zum Esszimmer und warf einen letzten Blick hinein. Einen letzten Blick auch in den Garten, nachdem er die Haustür zugezogen und abgeschlossen hatte. Es war ein Glück, diese wenigen kurzen und nahezu stummen Minuten, in denen jede Sekunde ihr Gewicht hatte, gemeinsam erleben zu dürfen. Das sagten wir uns, als wir uns vor seinem Zimmer im Krankenhaus voneinander verabschiedeten.

Einige Tage später starb er.

Handelt es sich bei diesen trotz aller Widrigkeiten erlebten Glücksmomenten letztlich doch um vergangenes Glück, um von der Zeit geschönte Erinnerungen? Ja und nein. Es sind Augenblicke, die sich dem Gedächtnis, im Gegensatz zur gewöhnlichen Zeit, auf bewusste Weise einprägen. Sie sind gleichsam körperlich und mobilisieren alle Sinne. Von Anfang an weiß man, dass man sie nie vergessen wird. Sie bedürfen keines sinnlichen Auslösers nach Art von Prousts Madeleine, um aus der Erinnerung emporzusteigen. Der Strom der sinnlichen Empfindungen, der sie begleitet – oder besser sollte man sagen: konstituiert –, ist niemals versiegt, niemals verschwunden, sodass er unversehens wieder hervorkommen könnte. Zuweilen resümieren wir mehr oder weniger ungeschickt Dinge, indem wir von einem Augenblick sagen, wir würden ihn niemals vergessen, auch wenn das nur die halbe Wahrheit ist, weil wir ihn nicht ständig im Bewusstsein halten werden, aber er wird wiederkehren, manchmal durch Zufall, manchmal weil wir es wollen. An der Entstehung von Glücksmomenten, die sich trotz aller Widrigkeiten einstellen, sind alle Sinne beteiligt. Der Gesichtssinn und das Gehör haben ganz entscheidende Bedeutung in der Szene meiner letzten Begegnung mit meinem Großvater. Ich kann sie in meiner Erinnerung in Zeitlupe noch einmal an mir vorbeiziehen lassen, weil ich in diesem Augenblick ein vertrautes Gebaren wiedererkenne. Ich sehe uns vor mir; ich folge dem Auf und Ab seiner Stimme; ich sehe ihn, wie er sich an der Kehle kratzt, bevor ihm ein kurzer Seufzer entschlüpft, gefolgt von einem etwas müden Schweigen; oder im Gegenteil wie er mit einer leicht angeberischen Redseligkeit, den Kopf unmerklich in den Nacken geworfen, unseren Taxifahrer zum Zeugen nimmt. Aber sogleich wird das Bild vervollständigt von einer Erinnerung an eine Erinnerung – neben der stets präsenten Erinnerung an die Kraft, mit der er mich am Arm fasste (eine vertraute Gebärde, die er jedoch an diesem Tag zweifellos mit einer ganz besonderen Absicht verband): Mein Großvater war ein guter Koch, und in der Küche, in der wir ein letztes Mal zusammensaßen, hatte ich ihm oft lange zugeschaut, wenn er die Kartoffeln zubereitete, die er in einer gusseisernen Pfanne geduldig goldbraun briet, die Kartoffeln à la grand-père. Ich sog ihren Duft lustvoll ein und schmeckte im Voraus ihre knusprige Festigkeit und die langsame Explosion von zartem Fleisch, das in meinem Mund schmolz, wenn ich hineinbiss.

Allein schon die Erinnerung an diese verlorene Zeit vermittelt mir heute weniger Nostalgie oder Melancholie als die Gewissheit, Augenblicke reinen Glücks erlebt zu haben. Eines bis in die stille Klarheit dieser letzten Augenblicke hinein geteilten Glücks.

2
Sein oder Nichtsein?

Diese Frage beschäftigt die Menschheit bekanntlich schon seit langer Zeit. Warum bin ich geboren? Warum bin ich ich? Diese Frage stellt man sich gelegentlich in der frühen Kindheit, in dem Alter, in dem philosophische Fragen ganz spontan in den Sinn kommen. Ein absolut willkürlicher Zufall hat eine Kette von Folgeereignissen in Gang gesetzt, der ich nicht zu entkommen vermag. Ob glücklich oder unglücklich, ich werde stets das Produkt dieses uranfänglichen Zufalls sein, der mich bestimmt und der mir per definitionem entzogen ist. Aber wenn ich nicht weiß, warum ich ich und nicht ein anderer bin, und wenn ich schlicht nicht einmal weiß, warum ich bin, wird daraus eine unbestreitbare Notwendigkeit, ein Ausgangspunkt, den ich nur um den Preis eines eklatanten Widerspruchs, einer unmöglichen und undenkbaren Verleugnung in Frage stellen könnte.

Das über vielfältiges sinnliches Erleben erfasste Ich erweist sich nicht als eine stabile und sichere Mole. Seine Vielgestaltigkeit und Veränderlichkeit ist eine Tatsache des laufenden, banalen Erlebens. Außerdem wissen wir, dass jede Identität das Andersartige voraussetzt. Alle sozialen Kodifizierungen in allen Gesellschaften der Welt stützen sich auf diese Feststellung, wenn sie Erziehungsregeln festlegen und Hierarchien aufbauen, die angeblich in der Natur gründen.

Marcel Mauss hat gesagt, dass auch das Bewusstsein der besonderen eigenen Existenz eine allgemeine Tatsache darstellt. Aber jedes einzelne Individuum muss eine gewaltige Denkleistung vollbringen, um sich die subjektive Einzigartigkeit des anderen vorzustellen. Nach dem Staunen über die Pflicht, man selbst zu sein, steht das Individuum vor der Notwendigkeit, das Ich des anderen zu denken. Nachdem es die erste Schwierigkeit überwunden hat, stößt es auf eine weitere, die letztlich nur eine Wiederholung der ersten darstellt.

Der Solipsismus ist eine ständige Versuchung, und wir dürfen annehmen, dass die großen diktatorischen Strebungen darauf zurückgehen. Für manche lässt sich das Ich der anderen nicht mit der intensiven innersten Evidenz ihres eigenen Verhältnisses zur Welt – und den anderen – vergleichen.

Das Ich bildet sich in der Auseinandersetzung mit dem anderen heraus, und wir wissen um die Bedeutung, die Freunden, Schule und Familie bei der Entwicklung der individuellen Persönlichkeit zukommt. Die Auseinandersetzung mit dem anderen ist zuweilen ein echter und deshalb besonders furchterregender Kampf, weil dies denen, die ihn uns aufzwingen, oft nicht bewusst ist. Einige Erinnerungen aus meiner eigenen Kindheit mögen mir helfen, diese Behauptung zu illustrieren und zu präzisieren. Meine erste tiefgreifende metaphysische Erfahrung stammt aus dem Jahr 1942 oder 1943, als mir klar wurde, dass meine Eltern mich hinsichtlich der Existenz des Weihnachtsmanns belogen hatten. Das erkannte ich, als meine Eltern sich heimlich in mein Zimmer schlichen, um dort vor dem Kamin das Geschenk zu deponieren, das der Weihnachtsmann mir angeblich gebracht hatte – ein bescheidenes Geschenk übrigens, denn die Zeiten waren schwer, offenbar auch für ihn. Ich schlief jedoch nicht, sondern hielt nur die Augen fest geschlossen, da mir bewusst war, dass ich kurz davor war, ein Sakrileg zu begehen. Als sie mir zwei oder drei Jahre später eröffneten, dass es den Weihnachtsmann gar nicht gebe, sagte ich ihnen nicht, dass ich lange schon nur so tat, als glaubte ich daran. Ich wollte ihnen keinen Kummer bereiten, aber heute glaube ich, dass sie mir willentlich oder unbeabsichtigt halfen, erwachsen zu werden, indem sie mir die Gelegenheit gaben, meinerseits geschickt zu lügen.

Schon bald entwickelte ich dieselbe Skepsis gegenüber der Existenz Gottvaters, der als bärtiger Greis dargestellt wurde. Mein Vater glaubte weder an Gott noch an den Teufel, aber meine Mutter besaß diese Kühnheit nicht. So ging ich denn brav zur Erstkommunion und gestand ihr erst später, dass ich auch in diesem Fall nur mit halb geschlossenen Augen geschlafen hatte.

Der Gedanke der Erlösung ist gleichbedeutend mit dem Monotheismus.

Aber wovon sollte ich erlöst werden? Was hatte ich angestellt? Nach Ansicht der Heilsreligionen hängt das Schicksal des Einzelnen von seinem Verhältnis zu dem einen und einzigen Gott ab. Dort liegt möglicherweise der Ursprung für eine alle anderen ausschließende Beziehung, eine verblendete Art von Mystik, die eine Reaktion auf das anfängliche Erstaunen darstellt, sich als subjektives Bewusstsein definieren zu müssen. Das birgt die Gefahr, dass in diesem verklärten Gegenüber zwischen einem einzigen menschlichen Subjekt und dem Gott, dem es sich hingibt, der menschliche andere aus dem Blick gerät. «Freude, Freude, Freude, Tränen der Freude», rief Pascal nach seiner einsamen «Erfahrung» in der Nacht des 23. November 1654.

Die Aussichten des Mystikers auf Erlösung, die sich aufgrund seiner privilegierten Beziehung zum Erlösergott verbessern, haben nichts mit Werken zu tun. Wenn das Ego sich «in Gott verliert», wie dies im Sufismus geschieht, wo bleiben dann die anderen?

Pascals Freude machte mir Angst. Damals hielt der Lehrplan in den Schulen sich an eine kluge historische Reihenfolge: das Mittelalter in der Quinta, das 16. Jahrhundert in der Quarta, das 17. Jahrhundert in der Tertia, das 18. Jahrhundert in der Sekunda und die Romantik schließlich in der Prima, also in einem Alter, in dem die Qualen des Erwachsenwerdens sich besonders ausgeprägt zeigten. Man hatte sicher recht, sich an diese Reihenfolge zu halten, aber sie hatte auch den Vorteil, dass man die Fortsetzung erwartete und herbeiwünschte: In dieser Hinsicht empfand ich den Beginn der Sekunda als Befreiung. Nun trat ich ein in die Aufklärung des 18. Jahrhunderts.

Für mich war dies der Beginn einer Auseinandersetzung mit politischen Fragen, die bis heute anhält.

Hat das Glück nicht unvermeidlich eine soziale Dimension? Das glaubten jedenfalls die französischen

Revolutionäre, und die Rede, die Saint-Just im März 1794 vor dem Wohlfahrtsausschuss hielt, weckt bei dem, der sie heute liest, Gefühle, über deren Charakter nachzudenken er versucht sein dürfte. «Europa soll erfahren, dass ihr auf französischem Territorium weder einen Unglücklichen noch einen Unterdrücker mehr sehen wollt, dass dieses Beispiel auf der Erde Früchte trage und die Liebe zur Tugend und das Glück ausbreite! Das Glück ist ein neuer Gedanke in Europa!»

Diese Gefühle haben mehrere Ursachen. Saint-Just verweist in seiner Rede auf die Existenz der anderen und die Notwendigkeit, ihre Beziehungen zu verändern, damit sie glücklich werden. Der neue Gedanke des Glücks erfordert das gleichzeitige Verschwinden des Unterdrückers und des Unterdrückten. Die Schwierigkeiten beginnen mit der Definition der Unterdrückung und der Identifizierung der Unterdrücker. Saint-Just formulierte seinen bis heute berühmten Satz über das Glück als neuen Gedanken in demselben Jahr 1794, in dem er auch die Rede hielt, die Danton im April unter die Guillotine brachte, und nahm im Juni an der siegreichen Schlacht bei Fleurus teil, die die Revolution rettete, bevor er im Juli zusammen mit Robespierre selbst guillotiniert wurde. Die Generation dieser jungen Leute (Saint-Just starb mit 27 Jahren) erlebte eine wilde Zeit, und man kann nur fasziniert sein von dieser kurzen geschichtlichen Phase voller Blut und talentierter Reden, die auf die Antike Bezug nahmen. Man kann sich auch fragen, ob man im überzogenen Bemühen, das Volk glücklich zu machen, nicht Gefahr läuft, Menschenleben und Lebensschicksale zu opfern, bevor man in den gewöhnlichen und prosaischen Alltag zurückkehrt. Es liegt etwas Verstörendes in der Faszination, die der Tod auf jene ausübte, die einige Monate lang die Revolution anführten und ihre Genossen töten ließen, bevor sie selbst aufs Schafott stiegen. Das Glück, das Saint-Just im Sinn hat, gleicht jenen, denen es zuteilwerden soll; es ist nicht zu fassen. Ein wenig ist es so, als wären die großen Revolutionäre Mystiker ohne Gott, die hinreichend klar um die Bedeutung ihrer Vision und ihrer Worte in ihrer Zeit wissen, um eine stolze und einsame Befriedigung daraus zu ziehen, welche man kaum als Glück zu bezeichnen wagt.

Die von inneren Kämpfen und dem Krieg mit der Koalition der europäischen Monarchen geprägte Episode der Französischen Revolution bestand aus begeisternden Augenblicken für deren Urheber, für all jene, die das Glück oder Unglück hatten, aus nächster Nähe damit verbunden zu sein. Wie können wir nachvollziehen, was diese jungen Leute empfanden, als sie versuchten, ihre «große Erzählung» in die Geschichte einzuführen?

Der Roman hat diese – mit Boris Cyrulnik zu sagen – «heroischen Freuden» ebenso ausgebeutet wie das Bild derer, die sie in ihren beiden Gesichtern verkörperten: dem des Einzelnen, der sein Glück in der Liebe sucht, und dem des Mannes der Tat, der die Geschichte seinen Wünschen unterwerfen und alle beglücken möchte. Von Stendhal bis Malraux haben diese beiden männlichen Gestalten, die im Übrigen einander überlappen können, den Roman mit Leben erfüllt. Und diese literarische Gattung kann durchaus als historischer Indikator für die unterschiedlichen Glücksvorstellungen und deren Verbreitung in der Welt dienen.

«Glückliche Menschen haben keine Geschichte», sagt ein französisches Sprichwort. Daraus müsste man schließen, dass Romanfiguren und überhaupt Figuren der Literatur nur selten als glücklich beschrieben werden. Oder dass jene, die sich überall und gleichsam «auf gut Glück» auf die Suche nach dem Glück machen, das sich so schwer definieren und fassen lässt und sich als so flüchtig erweist, alle Aussicht haben, erst im Nachhinein davon erzählen zu können, wenn sie im Rückblick der Versuchung der Nostalgie oder des Verzichts erliegen, einer Art Beruhigung, die als Weisheit erscheinen kann wie am Ende von Flauberts *Erziehung des Herzens*: «Das war doch das Schönste, was wir erlebt haben.» Frédéric Moreau und sein Freund aus Kindertagen, Deslauriers, blicken ernüchtert zurück, der eine auf seine Liebesträume, der andere auf seine politischen Ambitionen, und erinnern sich gemeinsam an eine wenig glorreiche Episode aus ihrer Jugend, einen gescheiterten Ausflug in ein Bordell in Nogent.

So scheint das Glück ein zeitabhängiger Begriff zu sein, der zwei Gesichter zeigen kann: das einer individuellen Nostalgie, einer Lüge im Blick auf die Vergangenheit; und das einer kollektiven Utopie, einer Lüge im Blick auf die Zukunft. Beides ist eine Illusion, das heißt nach Freud Ausdruck eines Wunsches, eines spontanen im ersten Fall, eines von außen eingegebenen im zweiten. Und wenn die Zeit den Rohstoff des Romans bildet, darf man sich nicht wundern, dass die geglückte oder missglückte Suche nach dem Glück in diversen Verkleidungen dessen vorherrschendes Thema darstellt. *Erziehung des Herzens* ist in diesem Sinne der Roman einer Desillusionierung. Das Liebesabenteuer und das politische Abenteuer führen am Ende dazu, dass die beiden Helden ihre Freundschaft wiederfinden und ihre Illusionen über sich selbst verlieren. Der Titel des Romans ist ein Programm, das man auf paradoxe Weise zugleich als optimistisch und pessimistisch bezeichnen kann. Wird die praktische «Weisheit», zu der die Erziehung des Herzens führen soll, jemals erreicht? Bringt das Alter es auf fatale Weise mit sich, dass man sich keine Illusionen mehr macht?

Das ist keineswegs sicher.

Illusionen halten sich auch im Alter, und der «klare» Blick, den wir auf die Vergangenheit werfen, bietet keinerlei Garantie für die Gegenwart und die Zukunft. Unser Blick in die Zukunft ist vielfach kurzsichtig, und die Gegenwart ist für uns oft eine Überraschung. Im privaten wie im öffentlichen Leben behält die Zukunft, ob nun zum Guten oder zum Schlechten, ein Gutteil an Unvorhersehbarkeit. So sind wir denn dazu verurteilt, «auf gut Glück» zu leben und erst angesichts der Ereignisse zu reagieren. Eine Begegnung, eine Entdeckung, ein Unglück ist stets möglich. Unsere improvisierte Reaktion wird selbst eine Überraschung sein. In diesem Sinne sind wir alle Schaffende.

Zuweilen erliegt man der Versuchung, auf die Vergangenheit zurückzublicken. Dieses riskante Unterfangen beschränkt sich vielleicht auf einen beruflichen Lebenslauf, aber in unserem Innersten wissen wir sehr genau, dass es sich dabei um ein Täuschungsmanöver handelt, das uns vom geordneten und beruhigenden Charakter eines noch nicht abgeschlossenen Weges überzeugen soll. Es kann aber auch Anlass zu einem Augenblick der Offenheit und des Staunens werden: Was wäre geschehen, wenn nicht eines Abends bei einem Glas Wein ein Kommilitone von der École normale mit mir über die Möglichkeit gesprochen hätte, über Afrika und in Afrika zu arbeiten? Dann wäre ich zweifellos ein Fachmann für französische Literatur geworden. Wenn ich mich nicht aufgrund einer anderen Begegnung anderen Horizonten zugewandt hätte. Zufällige Begegnungen, die dauerhafte Folgen für unser Leben hatten, könnten ohne Weiteres auch ausgeblieben sein. Wenn ich meinen Zug nicht verpasst hätte ... Wenn ich an diesem Abend zu Hause geblieben wäre ... Wenn mein Freund Dupont mich nicht zu diesem Ausflug eingeladen hätte ... Unter dem Blick derer, die sich zu erinnern versuchen, verbindet sich eine Serie kleiner Zufälle zum Faden der Vergangenheit, im Verhältnis zu der sie sich heute definieren. Wir erfinden tatsächlich unser Leben, und das zufällige Geschehen kann, wenn es akzeptiert wird, als Ergebnis eines Schaffens und als unerwartete Quelle eines Augenblicks der Fülle und des Glücks erscheinen.

3
Glück und Schaffen

Erziehung des Herzens hat einen Autor. Flaubert darf nicht mit seinen Helden verwechselt werden. Auch wenn ein Autor persönliche Elemente einsetzt, um sich diese Figuren vorzustellen, erfindet er deren Geschichte, und dieser Schöpfungsakt entzieht sich der Definition im Sinne von Glück oder Unglück. Der Autor möchte gelesen werden, er ist von seinen Lesern abhängig. Und die Befriedigung, die ihm das Wissen einbringt, dass es ein paar solcher Leser gibt, hat nichts mit Eitelkeit zu tun. Eher schon hat sie Ähnlichkeit mit dem intimen Gefühl einer Beziehung, die das Gespenst der Einsamkeit vertreibt. Sie ist das Ergebnis einer Reise innerhalb und außerhalb seiner selbst, gleichsam eines Abenteuers, das nicht mit der Lektüre der anderen, der Lektüre durch die anderen, sein Ende findet, sondern zu einer Wendung in der Geschichte führt. Die von den anderen gelesene Geschichte wird von ihnen interpretiert und vielleicht auch neu erfunden; der eine oder andere wird möglicherweise einzelne Sätze im Gedächtnis behalten. Kurz, der Autor kann sich davon überzeugen, dass er nicht mehr allein auf der Welt ist, oder genauer, er kann in dem Gefühl, auf indirekte Weise in der Vorstellungswelt der anderen präsent zu sein, einen Beweis für sein Leben finden.

Es ist leicht nachvollziehbar, dass große Interpreten, Sänger, Musiker oder Schauspieler von der Aufnahme durch ihr Publikum abhängig sind und sehr wohl um die privilegierte Beziehung wissen, die sie das Glück haben, zuweilen mit ihm aufbauen zu können. Der Schriftsteller erlebt nur selten solche überschwänglichen Augenblicke, etwa wenn er Gelegenheit hat, einem Teil seines Publikums bei Lesungen oder Festivals direkt zu begegnen. Zumeist darf er hoffen, auch ohne dass er dies selbst bemerkte, eine Beziehung zu seinen Lesern herzustellen, die ihm zwar weiterhin unbekannt bleiben, aber von denen er weiß, dass sie sich eine bestimmte Vorstellung von ihm machen. Dieses Dasein in der Vorstellungswelt der anderen ist dauerhafter als die Ovationen eines Abends, aber es muss sich von Zeit zu Zeit in greifbaren Zeichen manifestieren. Die konkrete Begegnung mit einem echten Leser kann beim Autor das Selbstbewusstsein stärken, weil sie ihm zeigt, dass seine Absichten verstanden wurden oder dass er sogar über das von ihm Gesagte hinaus verstanden worden ist, als hätte sein Text sich selbständig gemacht und den Erwartungen eines anderen gefügt. Falls Glück etwas mit der Gewissheit der eigenen Existenz zu tun hat, können Schriftsteller glückliche Augenblicke erleben.

Das heißt auch, dass Leser oder Zuschauer ihrerseits gewisse Glücksmomente erleben können, wenn sie dem Werk eines Autors begegnen.

Denn die Daseinsgewissheit bedarf der Bestätigung durch den anderen. «Les Amoureux sont seuls au monde» – «Die Verliebten sind allein auf der Welt» – lautet die erste Zeile eines Chansons. Sie fasst das Ideal der Einsamkeit zu zweit zusammen, zu der eine symbiotische Liebe angeblich neigt. Die Gewissheit, glücklich zu sein, setzt die Begegnung mit dem anderen voraus, aber bekanntlich ist die Liebe vergänglich und vermag sich nicht lange in dem glühenden Zustand zu erhalten, dessen Schein nicht nur das Gesicht des geliebten Wesens, sondern die ganze Welt ganz plötzlich erhellt. Verliebte sehen die anderen, das Leben und die Welt eine Weile mit neuen Augen. Sie leben intensiv und spüren, dass sie leben. «Das sind die Augenblicke, um derentwillen sich's zu leben lohnt», schrieb Stendhal in *Lucien Leuwen*. Die Liebe ist also der Beweis für den anderen und zugleich für die Zeit. Etwas von diesem zweifachen Beweis findet sich auch im Akt des

Schreibens – ein Liebesakt gleichsam, ein Beweis des Lebens und eine Hinwendung zu einem unbestimmten anderen, der aber im Bewusstsein des Schreibenden unausweichlich präsent ist.

Der Überschwang des glücklichen Augenblicks ist indessen nicht das letzte Wort der Liebe. Abgesehen davon, dass die Einsamkeit zu zweit im Grunde vielleicht nur eine doppelte Einsamkeit ist, die ihren wahren Charakter erst mit der Zeit zeigen wird, muss man auch lieben wollen. In dieser Hinsicht ist der Autor das Vorbild der Liebenden und nicht umgekehrt. Er lässt in seinen Bemühungen nicht nach, er schreibt ständig weiter. Am Ende hat er eine sonderbare Beziehung zu seinem Werk. Obwohl er sich in manchen Passagen nicht wiedererkennt, wie man ja auch ganze Episoden aus seiner Vergangenheit vergisst, ist er dennoch versucht, sie in einen Werdegang einzufügen, dem er treu bleiben möchte. In einem gewissen Alter sind Autoren und ihre Bücher wie alte Ehepaare. Sie sind ein Beispiel für die Tugend der Beharrlichkeit, die sich nicht von ihrem Weg abbringen lässt. Irgendwann wird alles vollendet sein, aber während man wartet, geht das Leben weiter. Das Leben, das heißt nicht die freie Abfahrt auf einer Bergstraße, sondern das ständige Bemühen, sich den anderen zuzuwenden.

Das Glück hat eine besondere Eigenschaft: Auch wenn es von zufälligen Begegnungen und Ereignissen abhängt, kann man diesen Zufall doch auch wollen, ihn suchen, und selbst wenn man ihn gefunden hat, weiß man doch, dass man weitersuchen muss. Cioran behauptet in seinen *Syllogismen der Bitterkeit* anscheinend genau das Gegenteil: «Das Glück ist dermaßen selten, weil man es erst nach dem Altern erlangt, in der Senilität – eine Gunst, die nur sehr wenigen Sterblichen beschieden ist.» Aber im Kapitel über die «Vitalität der Liebe» gesteht er: «Wir lieben immer noch – dennoch; und dieses ›dennoch‹ verhüllt ein Unendliches.» Das Glück des aktiven Glücksuchers ist gleichsam von Natur aus unabgeschlossen. Die vergebliche Suche nach dem Ideal nähert sich ihm asymptotisch an, ohne es jemals ganz zu erreichen. Und die Senilität ist der vorweggenommene Tod, ist eine Gleichgültigkeit, die sich weder um verlorene Liebe noch um das flüchtige Glück schert.

Diese besondere Eigenschaft, der Zufall und das Glück vollführen einen genau geregelten Tanz, der sie einander annähert, ohne dass sie jemals zusammenträfen. Es gibt ohne Zweifel verschiedene Glücksvorstellungen, doch wenn das Glück keine Abstraktion ist, bemisst es sich am Einzelnen. Es ist eine zutiefst individuelle Vorstellung. Und in diesem Verständnis ist die Idee des

Glücks weitgehend eine Tochter der Aufklärung. Aber der Einzelne verwirklicht sich nur über das Verhältnis zum anderen. Den Einzelnen gibt es nur in der Beziehung zum anderen, wie Jean-Luc Nancy es ausgedrückt hat. Nach manchen Metaphern verfolgt und sucht man das Glück, nach anderen entsteht und festigt es sich. Anders gesagt, wir haben sowohl ein aktives als auch ein passives Verhältnis zum Glück. Es ist eine Sache des Glücks oder Unglücks, aber auch der Entschlossenheit, der Kraft und des Willens, also der Tugend im Sinne der Tüchtigkeit, der virtú Machiavellis. Denn auch wenn das Glück aller ein revolutionäres Ideal war und ist, bleibt das Glück jedes Einzelnen doch der Prüfstein. «Das Gemeinsame hat stets die Bejahung und Bestätigung des Einzelnen zu ermöglichen», sagte Jean-Luc Nancy in einem Fernsehinterview mit Juliette Cerf.

4.
Hin und zurück

Den Fluggesellschaften sind «Hin- und Rückflüge» lieber als bloße «Hinflüge». Es ist, als hätten ohne Rückflug gebuchte Reisen etwas Suspektes, etwas vom Wunsch nach Flucht und einem Bruch mit dem Ort, durch den man sich normalerweise definiert. Schon der Ausdruck «hin und zurück» lässt an eine gewisse Geschwindigkeit denken: Man bleibt nur kurz weg und wird schon bald zurückkehren.

Für sich allein beflügelt das Wort «Heimkehr» die Phantasie und bezieht sich nicht auf einen genau bestimmten Weg. Der Ausdruck ist poetisch deshalb so stark aufgeladen, weil er auf zwei Dimensionen zugleich verweist: Raum und Zeit. Dass hier gleich zwei Dimensionen ins Spiel kommen, sorgt allein schon für eine gewisse Mehrdeutigkeit. Der Ausdruck kann für eine bloße Wiederholung, aber auch etwas radikal

Neues stehen, für etwas Routinemäßiges, aber auch für ein Erlebnis.

Nomadengesellschaften folgen im Prinzip demselben Weg, dessen verschiedene Etappen zum Beispiel von den für die Ernährung ihrer Herden jeweils günstigen klimatischen Bedingungen abhängen (der Almauftrieb ist ein gutes Beispiel für ein heute noch in Europa anzutreffendes Nomadentum). Aber auf jeder Etappe ihres Weges prägen die Fulbe dem Boden den strengen Grundriss ihres wandernden Dorfes auf. Nichts hat weniger mit Vagabundentum zu tun als ein so verstandenes Nomadentum. Die Nomadengesellschaften sind Gesellschaften der ewigen Wiederkehr.

Ganz allgemein liefert die Wiederkehr der Jahreszeiten bekanntlich ein Organisationsmodell für zahlreiche Gesellschaften und bestimmt den Kalender der Tätigkeiten. Sie setzt Termine, die sesshafte Bauerngesellschaften beachten müssen, wenn sie nicht hungern oder gar verhungern wollen. Wiederholung gehört zu zahlreichen sozialen Gruppen, sesshaften wie nomadisierenden. Jede Beeinträchtigung der Ordnung der Welt kann auch eine Gefahr für die soziale Ordnung sein.

Der Bindung an den Geburtsort oder die Wiege der Familie entspricht eine Form familiären Nomadentums, die gewisse Ähnlichkeiten damit hat. Die Ferien waren und sind für moderne Städter eine Gelegenheit, in ihre Herkunftsregion und damit gleichsam zu ihren «Wurzeln» zurückzukehren, und wenn diese «Rückkehr zu den Wurzeln» regelmäßig erfolgt, ähnelt sie einer Form von Nomadentum im traditionellen Sinne des Wortes. Die Rückkehr an den Ort des Ursprungs entspricht vielfach der Wiederkehr der schönen Jahreszeit – den Sommerferien.

Das gewöhnliche Nomadentum weckt gelegentlich nostalgische Gefühle, den Wunsch nach einer Rückkehr, der zugleich Ausdruck eines Mangels und einer Erwartung ist und noch weiter durch die Tatsache kompliziert wird, dass die mit dem Herkunftsort verbundenen Erinnerungen Kindheitserinnerungen sind. Die Heimkehr, die man sich wünscht, ist dann zugleich eine räumliche und eine zeitliche Rückkehr. Die räumliche kann man verwirklichen, die zeitliche ist unmöglich. Daher der ambivalente Charakter der Nostalgie, dieses Leidens, das zugleich eine Lust ist.

Das Leben bietet zahlreiche Gelegenheiten zu einem Hin-und-Zurück, die nicht immer auch emotionale Reaktionen auslösen, zumindest nicht sofort. Zuweilen kommt es jedoch zu intensiven Augenblicken, zu solchen der Begegnung mit geliebten Menschen oder Freunden (man denke an Lamartine und den Lac du Bourget oder an Rousseau und den Bieler See). Die Wiederkehr solcher Augenblicke ist unmöglich, die Rückkehr zu ihren Orten ist eine Prüfung. («Doch einsam rast‘ ich heut, sieh her, auf diesem Steine, Auf dem einst Sie geruht!» heißt es in Lamartines Gedicht «Der See».) Augenblicke dieser Art können zum Rohstoff für literarische Werke werden, weil sie die Spannung zwischen Raum und Zeit auf die Spitze treiben. Diese Spannung kann sich ihrerseits in unterschiedlicher Weise zeigen: Nichts hat sich in der Landschaft verändert, die Lamartine uns vor Augen führt, nur Zeit ist vergangen. Aber zuweilen verändert die Zeit auch die Wahrnehmung des Raumes. Als Proust nach Illiers zurückkehrt, findet er eine geschrumpfte Landschaft vor, die nicht mehr dieselbe Weite hat, wie er sie mit seinen Kinderaugen erlebte. Durch das Schreiben vermag er die verschwundenen Dimensionen wiederherzustellen.

Vor einiger Zeit machte ich eine Erfahrung, die in den Augen von Profis banal erscheinen muss, weil sie das immer wieder erleben, die aber für mich wie eine Offenbarung war. Am Anfang stand ein Glücksgefühl, dessen Entstehung ich mir nicht erklären und dessen Bedeutung ich nicht erschöpfend erfassen konnte. Ich gehörte damals zu einer Schauspieltruppe, die von 2010 bis 2012 mehrere Tourneen in Europa absolvierte. Immer wenn man mir mitteilte, dass es wieder losgehen sollte, überkam mich eine ausgelassene Freude, die mir zu denken gab. Offensichtlich hatte diese neue Erfahrung etwas Aufregendes. Und die Reisegefährten, die ich bei jedem dieser Treffen wiedersah, waren nett und freundlich, sodass sich schon bald eine aufrichtige Kameradschaft zwischen uns entwickelte. Aber die Tournee hatte auch etwas Besonderes im Vergleich zu dem Aufenthalt in Avignon, mit dem dieses Abenteuer so glanzvoll begonnen hatte. Dass ich die gesamte Truppe wiedersehen würde, gehörte in der Tat zu den Glücksmomenten dieser Tournee. Sie führte uns in gut zwanzig Städte in der Schweiz, in Frankreich, Luxemburg, Deutschland, Italien und Polen. In einigen Orten war ich zuvor schon gewesen, aber die touristischen Attraktionen hatten keinen Anteil an meiner bei jedem Aufbruch oder besser bei jeder Ankunft erneuerten Freude. Denn kaum war ich angekommen, ging ich auch schon ins Theater und schlich mich in den Saal, in dem sich Techniker zu schaffen machten. Wenig später stieg Massimo Furlan auf die Bühne und begann mit den Proben. Ich muss hier ein wenig weiter ausholen und etwas über die Aufführung sagen, an der wir damals beteiligt waren, denn sie hatte durchaus Verbindung zu unserem Thema.

Massimo Furlan, der das Konzept entwickelt hatte und Regie führte, wollte den Gefühlen nachspüren, die in seiner Kindheit die Fernsehübertragung des Grand

Prix Eurovision de la Chanson 1973 bei ihm ausgelöst hatte. Zu diesem Zweck spielte er einen mittelmäßigen Sänger, Pino Tozzi, der in wechselnden Rollen und Kostümen nacheinander sämtliche Lieder sang, die in diesem Wettbewerb vorgetragen worden waren. Es war eine Hommage Massimos an seine offenbar glückliche Kindheit, an Sänger und Chansons, die ihn geprägt hatten, und an ein außergewöhnliches Ereignis, das ihm die Erlaubnis eingebracht hatte, einen ganzen Abend lang vor dem Fernseher zu verbringen. Ich kam als Pinos Vater ins Spiel und diskutierte mit anderen über Chansons, die Erinnerung, das Alter und alles, was uns gerade in den Sinn kam, bevor die Veranstaltung an ihr Ende gelangte (das war der improvisierte Teil der Aufführung). Unser Thema war also die Erinnerung an kindliches Glück.

Massimo übte seine Stimme, die Techniker richteten Licht und Ton ein, während ich mich bemühte, nicht allzu sehr zu stören, und aus den Kulissen auf die Vorderbühne wanderte oder mich nur still in einen Sessel der vorderen Reihen setzte, um mir die Bühne anzuschauen. Das Bühnenbild war einfach – ein Vorhang, drei Sessel, eine Grünpflanze und ein Mikrophon –, aber immer dasselbe und stets auch in derselben Weise ausgeleuchtet. Wo ich auch war, ich war immer am selben Ort, in diesem intimen Rechteck aus Licht, von dem aus ich bald schon das Publikum nur noch als dunkle, vibrierende Masse wahrnehmen konnte, die zuweilen von so gespannter Aufmerksamkeit schien, dass man die Stille zu hören glaubte. Nie zuvor hatte ein Raum mir so stark das Gefühl eines vollendeten und beständigen Ortes vermittelt, eines Ortes, an dem ich mich zurechtfand. Man brauchte nur ein paar Schritte zu gehen, eine paar Türen zu öffnen, und schon war man anderswo, in einer fremden Stadt, in der wir am Abend dann durch die belebten Straßen gingen und irgendwo etwas tranken. Aber der karge Raum der Bühne und der Vorhänge, hinter denen in unveränderter Reihenfolge die Kostüme ausgelegt waren, die es Massimo ermöglichten, in ein paar Sekunden Aussehen und Identität zu wechseln, war stets der gleiche. Und es war stets dieser Raum, ganz gleich wo er sich befand, an den ich von Zeit zu Zeit im Zug, im Auto oder im Flugzeug dachte, um dort in Gesellschaft der kleinen Theatertruppe irgendein Zeichen oder einen Beweis meiner Existenz zu finden. Der Kontrast zwischen der Unterschiedlichkeit der Städte, in denen wir spielten, und der Beständigkeit der unveränderten Bühne vermittelte mir stets ein ganz unmittelbares Glücksgefühl. Und das offensichtlich, weil ich diese Reisen, wohin sie auch führen mochten, stets als eine Heimkehr empfand.

5
Odysseus oder die unmögliche Heimkehr

Die beschleunigte Veränderung der städtischen und ländlichen Welt führt heute zu einer ganz anderen Erfahrung des Raumes und der Zeit, bei der sämtliche Dimensionen gleichzeitig im Spiel sind. Vielleicht gehört es zu den Merkmalen der Konsumgesellschaft, dass leistungsfähige Aufzeichnungstechniken entwickelt und verkauft werden, die ihren Nutzern die Möglichkeit bieten, sich selbst und anderen zu beweisen, dass sie tatsächlich dort gewesen sind, wohin eine Reise sie geführt hat. Die Touristenmassen, die vor dem Schiefen Turm von Pisa oder Notre-Dame de Paris posieren, machen diesen Augenblick ihres Daseins, wie man so sagt, «unsterblich». Sie können ihn ganz nach Wunsch wiedersehen oder sogar wiedererleben, und das umso leichter, als die Aufzeichnung selbst den Höhepunkt und vielleicht sogar den einzigen Punkt markiert, an den sie sich letztlich erinnern können. Hier kommt es auf die Wiederkehr des Erlebens an, ganz unabhängig von dem Ort, an dem dies geschieht. Hat es in der globalisierten Welt, mit der die Touristen solcherart in Kontakt treten, überhaupt noch einen Nutzen zurückzukehren? Hat der Begriff der Rückkehr noch einen Sinn? Denken wir an die extremen Formen des Tourismus von morgen: Viele Begüterte haben sich längst ihre Plätze in Raumschiffen gesichert, die sie in eine gut hundert Kilometer hohe Umlaufbahn bringen sollen. Dort werden sie den Planeten Erde als ganzen entdecken, wie sie ihn bereits auf Fernsehbildschirmen gesehen haben, nur dass diesmal kein Bildschirm dazwischen steht. So werden sie mit einem einzigen Blick alle nur möglichen Hin- und Rückfahrten vorwegnehmen. Ganz sicher wird es ihnen – wie wohl auch den Berufsastronauten – schwerfallen, den Fuß gleich wieder auf die Erde zu setzen nach dieser körperlichen Erfahrung eines Wechsels der Größenordnung, von der wir alle schon heute auf indirektem Wege eine Vorstellung gewinnen können.

Das Augenblickliche und das Allgegenwärtige werden schon bald zum allergewöhnlichsten Alltag eines Teils der Menschheit gehören. Es bleibt indessen, dass Zeit und Raum konstitutive symbolische Elemente der zwischenmenschlichen Beziehungen sind und diese Beziehungen eine wesentliche Bedeutung für die Bestätigung der individuellen Identität besitzen. Wie der heutige Tourismus auch beschaffen sein mag, jeder Mensch braucht die Begegnung mit dem anderen, um sich zu verwirklichen. Man kann also darauf wetten, dass in jedem Touristen und Konsumenten ein schlafender oder genauer ein im Halbschlaf befindlicher Reisender steckt. Ein Reisender ist ein Wesen, das auf die anderen neugierig ist, weil es auf sich selbst neugierig ist. Und man kann sicher sein, dass der Wunsch wegzufahren, bei ihm die Oberhand über die illusorische Befriedigung gewinnt, angekommen zu sein.

Der Weg des Menschen ist stets eine Odyssee. Aber die Heimkehr gestaltet sich endlos, da man die verlorene Vergangenheit niemals wiederfindet. Das Spiel des Raumes und der Zeit ist grausam. In manchen Überlieferungen kehrt Odysseus nach einer Irrfahrt durch die gesamte damals bekannte Welt tatsächlich zurück. Zweifellos auf der Suche nach sich selbst. Und damit auf der Suche nach den anderen. *Der Graf von Monte Christo* ist der Roman der unmöglichen Rache. Und des unmöglichen Wiedersehens. Edmond Dantès lässt jene leiden, die ihn verraten haben, aber mehr noch jene Frau, die wie er selbst deren Opfer ist, Mercedes. Keine Vergeltung vermag er dagegen zu üben für die nur allzu deutlich empfundene Zeit, die inzwischen verflossen ist und ihn von seiner stürmischen Jugendliebe entfernt hat. Er liebt Mercedes nicht mehr. Er ist nicht mehr der Mann, der sie einst liebte. Jenseits dessen hat man den Eindruck, dass er sich am Rand des Vergessens bewegt, müde vom ständigen Gedanken an die Rache und unmerklich überzeugt davon, dass eine Heimkehr nicht mehr möglich ist. Es bleibt ihm nur, solange er noch die Kraft dazu hat, sein Leben – diesmal wirklich – zu ändern, zu vergessen und nach anderem Glück zu suchen.

Odysseus erkennt Penelopes beharrliche Treue, aber in anderen Fassungen ist sie durchaus kein Vorbild jener Treue, deren Symbol sie geworden ist. Penelope erkennt Odysseus nicht, als sie ihn wiedersieht. Nur sein alter Hund, der auf ihn gewartet hat, um sterben zu können, täuscht sich nicht. Die Moral der Märchen mit Prinz und Schäferin («Sie lebten glücklich bis an ihr Lebensende und hatten viele Kinder») passt nur schlecht zum Ende der Odyssee. Odysseus, diese facettenreiche Figur von unergründlichem menschlichen Reichtum, illustriert vor allem das Dilemma des «alten Kämpen», wie man es nennen könnte.

Ganz allgemein macht jeder alte Kämpe mit der Erfahrung der Heimkehr auch die einer Probe auf das, was er unter «Glück» versteht. Die simple Wiederaufnahme einer Liebesbeziehung, die Wiederherstellung früherer sozialer Beziehungen, der «Neubeginn», all das ist angesichts dessen, was er erlebt hat, kaum selbstverständlich, und sei es nur aufgrund der verflossenen Zeit. Der heimkehrende alte Kämpe ist eingezwängt zwischen einer Vergangenheit, die er erlebt hat und nicht noch einmal erleben wird – einer Vergangenheit, die oft nicht mehr existiert –, und einer Gegenwart, die er nicht vollständig beherrscht, weil sie sich als natürliche und offenkundige Folge einer noch älteren Vergangenheit präsentiert.

Mir ist durchaus klar, dass der Spannungsbogen in den Geschichten von alten Kämpen stets auf dem Gegensatz der Geschlechter basiert: Penelope erwartet zu Hause die Rückkehr des Odysseus; Mercedes weiß in Marseille nichts von Edmonds Abenteuern. Das von Jean-Pierre Vernant so aufschlussreich analysierte Paar Hestia und Hermes bleibt der implizite Bezugspunkt dieser Geschichten von (männlicher) Bewegung und (weiblicher) Immobilität. Sollte es ein männliches und ein weibliches Glück geben? Vielleicht im statistischen Sinne natürlich und für einen Augenblick, aber ich versuche zu ihren gemeinsamen Quellen vorzudringen.

Sainte-Barbe-du-Tlelat, heute Oued Tlelad, ist ein Dorf gut zwanzig Kilometer südöstlich von Oran, in dem ich

1962 mehrere Monate verbrachte. Ich habe an anderer Stelle über diese Wochen geschrieben, in denen ich während meines Militärdiensts in den Kampf gegen die OAS hineingezogen wurde, der am 25. Juni im Hafen von Oran in den Flammen der Feuersbrunst endete, ausgelöst von Terroristen der Bewegung L'Algérie française, die die dort befindlichen Öltanks in die Luft sprengten.

Nach dem Brand wurden wir in einem Bauernhof untergebracht, der von seinen Besitzern – Algerienfranzosen – aufgegeben worden war. Dort verbrachten wir untätig eine friedliche Zeit und erfuhren nichts von dem Massaker an Europäern, zu dem es am 5. Juli in Oran kam. Wir richteten uns darauf ein, mehrere Monate zu bleiben. Wenn wir nicht gerade Konvois nach Mers el-Kébir begleiteten, die für den Rücktransport nach Frankreich bestimmtes Material transportierten, schlugen wir die Zeit tot, wie es gerade ging.

Eines Tages sahen wir einen Unterleutnant von einem kurzen Urlaub zurückkehren, und wir wussten, dass der Kommandant unserer Einheit inzwischen einen Brief erhalten hatte, in dem die Versetzung des Mannes nach Frankreich verfügt worden war. Wir überbrachten ihm die Neuigkeit. Er blieb noch einen Tag bei uns, aber er war bereits anderswo. Ich war, wie ich mich erinnere, erstaunt über das plötzliche Strahlen auf seinem Gesicht, als er begriff, was wir ihm ein wenig umständlich klarzumachen versuchten, denn wir waren ebenso überrascht von seiner Überraschung wie er von der unsrigen und wechselten unvermittelt zwischen Informationen, Fragen und Ausrufen. Er wirkte wie jemand, der plötzlich befreit war und gar nicht zu glauben wagte, was wir ihm da sagten, bis er schließlich nach Oran fuhr.

Ende Dezember erhielt ich selbst Urlaub. Ich hatte dem Oberst geschrieben, der bei meiner Ankunft das Regiment befehligt hatte, inzwischen aber nach Frankreich zurückgekehrt war und eine Stelle im Verteidigungsministerium übernommen hatte, und ihn gefragt, ob es möglich sei, dass ich die restlichen Monate meines Militärdiensts in Frankreich ableistete. Kurz darauf kehrte ich mit dem Flugzeug zu einem Urlaub nach Paris zurück. Ich sah meine Familie wieder; meine älteste Tochter war gerade geboren. Sie öffnete die Augen und lächelte mich an, als ich mich über ihre Wiege beugte. Niemand wollte mir das glauben, als ich es stolz erzählte. Sie war erst wenige Tage alt und könne noch gar nicht lächeln, sagte man mir. Ich zog daraus den Schluss, dass sie mir ihr allererstes Lächeln geschenkt hatte. Ich machte einen kurzen Abstecher in die Bretagne, um meine Großeltern zu besuchen. Die Festtage gingen vorüber, und mein Urlaub näherte sich seinem Ende.

In dieser Situation legte ich ein sonderbares Verhalten an den Tag oder vielmehr, ich verfiel in eine hartnäckige Passivität, über die ich damals mit niemandem sprach, nicht einmal mit meinen Angehörigen, und deren tiefere Gründe mir verschlossen blieben. Die Zeit war rasch verflogen, und ich war mir sicher, dass der Oberst meiner Bitte entsprochen hatte, aber ich hütete mich, an das Ministerium heranzutreten und dort nachzufragen. Ich kehrte nach Algerien zurück, und in Sainte-Barbe-du-Tlelat fand ich mich plötzlich in derselben Situation wie mein Kamerad kurz zuvor. Man war äußerst überrascht, da man nicht mit mir gerechnet hatte, erfreut über das Wiedersehen und zugleich ein wenig traurig über den bevorstehenden Abschied, denn ich war tatsächlich in die Heimat versetzt worden. Wenige Stunden später war ich wieder in Oran, wo man rasch einen Platz auf einem nach Frankreich abgehenden Schiff für mich fand.

Ich glaube, mein befremdliches Verhalten war instinktiv von dem Wunsch diktiert, die Erfahrung der Heimkehr nicht zu verpassen. Wenn meine Rückkehr nach Frankreich wirklich eine Heimkehr sein sollte, musste meine Abfahrt aus Algerien auch eine wirkliche Abfahrt sein. Das Gefühl von Befreiung, das ich kurz zuvor bei meinem Kameraden bemerkt zu haben meinte, empfand ich nun selbst äußerst tief, als ich von meiner neuen Lage erfuhr. Ich erlebte meine letzten Stunden in Sainte-Barbe-du-Tlelat als reines Glück, während ich sonst nur langweilige untätige Tage dort verbracht hatte. Diese Stunden waren für mich nun eine sehr bewusst erlebte Zeit, über die Herr zu sein ich endlich das Gefühl hatte. Einige Tage später war ich wirklich wieder in Frankreich. Für dieses eine Mal hatte ich die im Fluss des Daseins außergewöhnliche Möglichkeit, eine etwas verpfuschte Episode meines Lebens neu zu schreiben, die des Abschieds von meinen letzten Weggefährten (ich sollte keinen von ihnen jemals wiedersehen). Ich spürte, wie die vergangene Zeit und der Ort, an dem meine Algerienerfahrung endete, sich immer weiter von mir entfernten, ganz so wie wenig später bei der Abfahrt aus dem Hafen von Oran die Silhouette der Stadt vor meinen Augen immer unschärfer wurde und schließlich in der Nacht versank.

6
Das erste Mal

Jeder erlebt in seinem emotionalen, beruflichen oder intellektuellen Leben zuweilen ein «erstes Mal». Ein «erstes Mal», das in Erinnerung bleibt, weil es die Zeit zu öffnen und einen Anfang zu setzen scheint und weil dieses Gefühl stark genug war, um die Abnutzung durch die Zeit, die Enttäuschungen des Lebens und die Versuchungen des Verzichts oder der Resignation zu überdauern.

Der Ethnologe ist in zweifacher Weise sensibel für dieses Thema.

Zunächst einmal behält er das «Terrain» seiner ersten Feldforschung lebhaft in Erinnerung, denn dort hat er alles gelernt, und immer wieder kehrt er dorthin zurück, um seine Analysen und Überlegungen zu untermauern. 1965 erwarb ich mein erstes Rüstzeug als noch in Ausbildung befindlicher Ethnologe. In *La Vie en double* habe ich beschrieben, wie Jean-Louis Boutillier, damals Leiter der humanwissenschaftlichen Abteilung des Office de la recherche scientifique et technique outre-mer (Orstom), mich nach Jacqueville an der Elfenbeinküste begleitete, eine große Küstenstadt und Sitz einer Unterpräfektur. Dort half er mir, die ersten Kontakte zu den Behörden herzustellen. Am stärksten ist mir indessen eine Überfahrt von einem Ufer ans andere im Gedächtnis geblieben. Jean-Louis hatte einen Fährmann angeheuert, der uns mit seinem motorisierten Einbaum rasch und sicher an unser Ziel brachte. Als wir die Lagune überquerten, um auf dem von den Alladian bewohnten schmalen Streifen zwischen Meer und Lagune anzulegen, wurde mir – zugleich berauscht und ein wenig beunruhigt – klar, dass ich eine neue Etappe meines Lebens begann und einen Anfang erlebte, an den ich mich mein Leben lang erinnern würde.

Zweitens ist der Ethnologe ein Fachmann für Rituale. Jedes Ritual hält der Vergangenheit die Treue und hat seine durch Tradition festgelegten Regeln. Aber es kann nur erfolgreich sein, wenn es den Ausführenden und Helfern das Gefühl eines Neubeginns vermittelt.

Der Anfang ist das Ziel des Rituals. Der Anfang ist keine Wiederholung. Manchmal sagt man: «Es fängt wieder an», wenn man zum Ausdruck bringen möchte, dass sich nichts verändert. Aber das ist eine schwache

Verwendung des Verbs. Und auch wenn wir von einem erwarteten und repetitiven Verhalten sagen, es sei «ein Ritual», nehmen wir dem Ausdruck sein Moment des Anfangs. Wiederbeginnen im vollen Sinne des Wortes heißt einen Neuanfang erleben, eine Geburt. Große Politiker haben das verstanden und bemühen sich, den Eindruck zu vermitteln, sie begännen etwas Neues. Sie wissen, selbst wenn es zu Enttäuschungen kommt, werden die von ihnen geweckten Hoffnungen doch in Erinnerung bleiben.

Wenn Molières Don Juan von sich sagt, er sei anfällig für die Reize «aufkommender Neigungen», befindet er sich jenseits jeglicher Berechnung oder Strategie und ganz in der Wahrheit des Augenblicks, den die französische Wendung «tomber amoureux» zum Ausdruck bringt. Don Juan redet viel vor seinem Diener Sganarelle. Er sagt ganz unterschiedliche Dinge, und die Kommentatoren des Stücks halten sich oft an das Offenkundigste und Unmittelbarste, zum Beispiel an seine Beschreibung der Liebesstrategie und der Freuden des Eroberns. («Es ist unendlich süß, das Herz einer jungen Schönheit durch tausend Huldigungen zu bezwingen, Tag für Tag die kleinen Fortschritte zu beobachten, die man macht; durch Ausbrüche, durch Tränen und Seufzer die unschuldige Scham einer Seele zu bekämpfen, der es Mühe macht, die Waffen zu strecken; Zoll für Zoll die kleinen Widerstände umzustoßen, die sie uns entgegenstellt; die Skrupel zu besiegen, die sie sich zur Ehre anrechnet, und sachte sie dahin zu locken, wo wir sie haben wollen.») Don Juan versteht sich und bezeichnet sich als «Eroberer» («ich habe auf diesem Gebiet den Ehrgeiz der Eroberer, die ewig von Sieg zu Sieg fliegen und sich nicht bescheiden können, ihren Wünschen Grenzen zu setzen»). Aber vor allem fasziniert ihn der erste Augenblick, der wundersame Augenblick, in dem die Reize (les charmes – das Wort ist zu dieser Zeit sehr stark und lässt an die Kräfte eines Zauberers denken) jeden bewussten Willen zunichtemachen. («Die aufkommenden Neigungen, alles in allem, haben unaussprechliche Reize.») Dieser zeitlose Augenblick, der jeder Verführung und jeder Geschichte vorausgeht und der auch ohne eigenes Zutun im Gedächtnis bleibt und so stark ist, dass Don Juan, so verführerisch er sich gibt und so sehr er sich selbst treu zu bleiben versucht, gegenüber Elvira doch seine Gefühle durchblicken lässt.

Die Wiederholung kommt ins Spiel, wenn die Liebe nachlässt und das übliche Szenario sich in der banalen Wahrheit ihres wie stets nahenden Endes einstellt. Aber in diesem Augenblick findet sich nichts als die Poesie, die jedem Anfang innewohnt, das Gegenteil der alten Leier und der Wiederholung. Don Juan ist unersättlich und wird nicht müde, dem Gefühl des Anfangs nachzujagen. Für ihn ist es immer das erste Mal. Ansonsten macht er kurzen Prozess und ist unfähig, eine Liebesgeschichte in ihrer Dauer zu erleben. Sobald er den Mund öffnet und verführerische Worte hören lässt, ist der Zauber gebrochen. Diese Leier hat man schon tausendmal gehört. Er rezitiert seinen Text bis zu dem Augenblick, da eine neue Silhouette, ein neuer Blick plötzlich und unwiderstehlich ihren einzigartigen, aber vergänglichen Reiz entfalten.

In allen Episoden des gemeinschaftlichen und politischen Lebens wie auch in unserem individuellen Gefühlsleben sind wir empfänglich für das Phänomen der Abnutzung, und gelegentlich sind wir versucht, solche Abnutzung auf Unzulänglichkeiten oder den Verrat anderer zurückzuführen, aber aus einem gewissen Abstand können wir erkennen, dass sie – und das ist noch gravierender – schlicht auf die Zeit zurückgeht, auf eine Art Erosion oder gleichsam biologische Alterung, die ihrerseits Anlass zu beträchtlicher Nostalgie gibt. 1789, die Pariser Kommune, 1936, die Befreiung, der Mai 68, all diese Ereignisse sind berühmt und werden besungen, auch wenn sie längst die Kraft des Anfangs verloren haben. Aus dieser Perspektive ist die Geschichte vielleicht nur das ständige Bemühen, ein Äquivalent für solche gescheiterten oder unvollendeten «ersten Male» zu finden. Ein Fest ist gelungen, dem es gelingt, zumindest für einen Augenblick dieses Gefühl eines neuen Anfangs wiederzubeleben. Deshalb werden solche Neuanfänge oft mit Unordnung und einer Verkehrung der Rollen assoziiert. Man gibt sich dem Karneval hin, bevor man «die Uhren wieder richtig stellt» (eine Metapher für Ordnung) oder «den Zähler auf null stellt» (eine Metapher für den Neuanfang). Solch ein Spiel mit der Zeit ist nicht weit vom Gedanken der Katharsis entfernt, den Aristoteles mit der Tragödie assoziierte.

Ich schaue mir im Kino gern alte Filme an. Sie spielen auf unvergleichliche Weise mit der Vergangenheit und den Erinnerungen. Die Bilder aus ferner Vergangenheit, die wir im Gedächtnis zu haben glauben und die in jedem Fall die zähesten sind, verändern sich unter der gemeinsamen Einwirkung des Erinnerns und Vergessens. Wenn wir uns erneut einen Film anschauen, den wir vor langer Zeit zum ersten Mal gesehen haben, ist das eine seltsame Erfahrung, weil er uns Bilder vor Augen führt, die sich nicht verändert haben und, wie wir wissen, einst ein für alle Mal aufgenommen wurden. Genau deshalb können sie uns überraschen. Wenn wir uns einen Film anschauen, den wir schon oft gesehen haben, kann es geschehen, dass wir auf Details stoßen, die wir vergessen haben, oder genauer, die von unserem Gedächtnis verändert worden sind, weil es trotz der objektiven Wiederholung der einstmals aufgenommenen Bilder seine Umgestaltungs- und Neuschöpfungsarbeit ständig fortsetzt. Außerdem lassen wir uns immer wieder vom eigentümlichen Rhythmus der Erzählung ergreifen, als wäre sie etwas vollkommen Neues. Wenn wir uns erneut einen alten Film anschauen, erleben wir zugleich das Vergnügen der Erwartung und die Freuden des Erinnerns – eine Erfahrung, die uns das gewöhnliche Leben niemals bietet.

So behalten manche Filme für mich stets etwas von ihrem anfänglichen Reiz. Ich war zwölf Jahre alt, als ich zum ersten Mal *Casablanca* von Michael Curtiz sah. Es war nicht der erste Film, den ich sah, aber wie ich in dem Büchlein schreibe, das ich diesem Film gewidmet habe, war es wohl das erste Mal, dass mir die Erfahrung der Zeit, des Vergessens, der Treue und des Gedächtnisses durch ein Werk der Literatur oder des Films nahegebracht wurde. Die entscheidenden Szenen illustrierten Themen wie Erwartung, Bedrohung und Flucht, die aufgrund der damaligen Umstände meine Kindheit geprägt hatten. Ich entdeckte diesen Film noch in der Vorpubertät gegen Ende des Krieges. Von Anfang an existiert er für mich als Erinnerung an eine emotionale Initiation. In meinen Augen ist er zu einer Art Gründungsmythos geworden, der mich, wenn mir der Filmtitel *Casablanca* in den Annoncen einer Tageszeitung in die Augen springt, dazu drängt, erneut ins Quartier Latin zu gehen und dieses stets neue «erste Mal» wie ein Ritual zu zelebrieren.

Auch andere Filme haben eine ähnliche Wirkung auf mich, sofern denn die Programmgestaltung der Kinos dies zulässt. Ich möchte zum Beispiel wieder einmal die träge Stimme Jules Berrys in *Les Visiteurs du soir* (dt. *Die Nacht mit dem Teufel*) hören, in dem er «le Diaaa...ble», den Teufel, spielte, oder die klagende Musik, die Gary Coopers einsames Warten in *High Noon* begleitet. All das kleine Freuden, die mich erwarten und an denen ich mich hier und jetzt im Vorhinein erfreue, indem ich Zuflucht bei der Zeitform der vollendeten Zukunft suche: Freuden eines ersten Mals, die ich eines Tages wiedererlebt haben werde.

7
Begegnungen

Don Juan, so könnte man sagen, ist der Held der Begegnung und des Augenblicks. Darin ist er die Schlüsselfigur einer Abenteuergeschichte, in der sich haarsträubende Ereignisse und unglaubliche Zufälle in rascher Folge aneinanderreihen bis zu einem Schluss, der zugleich einer Horrorgeschichte und einer Sciencefiction-Story würdig wäre. Molières Don Juan könnte durchaus auch der Held eines Comic-Strips sein. Was Leser oder Zuschauer gefangen hält, ist auch seine grenzenlose Fähigkeit zu Begegnungen – von den Frauen, die er verführt, bis hin zu dem Gespenst, das er herausfordert, und dazwischen die Szene mit dem Bettler, an deren Ende er, als wäre er überdrüssig, den bornierten Glauben seines Gesprächspartners auf die Probe zu stellen, ihm den Louisdor, der eigentlich eine Versuchung sein sollte, hinwirft, ohne noch etwas dafür zu verlangen, «aus Liebe zur menschlichen Natur». Ein wunderbarer Augenblick, der viel über Molières Mut oder Leichtfertigkeit sagt …

Das Gegenteil zu Don Juan, dem unverbesserlichen und unermüdlichen Verführer, findet sich in Ovids Gedicht über das Paar, das gleichermaßen für Treue und Glück steht, Philemon und Baucis. Die beiden verkörpern die heitere Gelassenheit, die nur die Angst vor einer Trennung zu trüben vermag, nicht so sehr die Angst vor dem Tod als vielmehr die Sorge, den geliebten Menschen zu überleben. Zum Lohn für ihre Gastfreundschaft vereinte Zeus das Paar bei ihrem gemeinsamen Tod in einem Baum, aus dessen einzigem Stamm eine Eiche und eine Linde herauswuchsen.

Bei seinem in menschlicher Gestalt unternommenen Ausflug wurde Zeus von Hermes begleitet, dem Gott der Straßenkreuzungen, des Tauschs, des Handels und der Diebe. Als zerlumpte Vagabunden verkleidet, stellten die beiden die menschlichen Qualitäten derer auf die Probe, denen sie begegneten und die es ablehnten, sie aufzunehmen. Daraus ist eine Lehre zu ziehen, die sich übrigens auch in diversen Volkserzählungen findet: Achtet auf Menschen, die im Bettlergewand daherkommen! Sie könnten Götter sein. Und eine weitere subtile Lehre vermittelt Ovids Gedicht: Nur Liebende können sich anderen öffnen.

Paradoxon der symbiotischen Liebe. «Die Verliebten sind allein auf der Welt», heißt es im Chanson. Aber diese Einsamkeit zu zweit, falls es sie denn gibt, taucht die Welt in ein von Glück getränktes Licht. Eine Illusion, die vielleicht nur kurz anhält und von den Grausamkeiten des Daseins widerlegt werden kann. Selbst die Gleichgültigkeit gegenüber der Welt, die das Gefühl der Liebe auszulösen glaubt, ist von Wohlwollen und Nachsicht geprägt. («*Que m'importe? Si tu m'aimes / Je me fous du monde entier*», sang Édith Piaf – «Was soll's? Wenn du mich liebst, ist mir die ganze Welt egal».) Die wahre Einsamkeit, die erlittene Einsamkeit, beginnt mit dem Ende der Liebe.

In diesem Sinne ist die Liebe durchaus nicht blind. Sie ist nicht blind, sobald sie sich auf ein Wesen aus Fleisch und Blut, auf ein reales, wenn auch verklärtes Wesen bezieht. *L'amour fou*, die obsessive Liebe, die als Liebe mit verbundenen Augen dargestellt wird, öffnet uns die Augen für die Welt.

Für wie lange? Für den Bruchteil einer Sekunde oder für die Ewigkeit? Don Juan oder Philemon?

Jeder glückliche Augenblick, der in einer Begegnung gründet, beginnt mit einer Explosion der Empfindungen, einem Erwachen der Sinne, auf das man sich übrigens auch systematisch vorbereiten kann. Stendhal beschreibt die unübertreffliche Liebe seines Helden Lucien Leuwen im Augenblick seiner «aufkeimenden Neigungen» zu Madame de Chasteller. Zweimal ergehen die beiden Protagonisten sich im Garten des Chasseur Vert, eines Landgasthofs in der Nähe von Nancy, aus dem man von Hornbläsern gespielte Walzer von Mozart hört, als die Strahlen der untergehenden Sonne das Unterholz erhellen. Lucien spürt den Arm, den Madame de Chasteller auf den seinen gelegt hat. Am Ende des zweiten Spaziergangs überredet er ihre kleine Gruppe, sich einen Punsch servieren zu lassen. Alle Sinne sind erregt in diesem außergewöhnlichen Augenblick. Leuwen beteiligt sich am Gespräch seiner Freunde, aber mit Madame de Chasteller, die ihn erneut um seinen Arm gebeten hat, wechselt er kein einziges Wort und begnügt sich mit dem Schweigen, das sie vereint.

Rousseau dagegen zählt minutiös die natürlichen Elemente auf, die zu seiner Ekstase auf seiner Insel am Rande des Bieler Sees beitragen. In gewissem Sinne macht er genau das Gegenteil dessen, was Stendhals Held tut. Lucien Leuwen verfällt erst passiv dem Reiz der Gefühle, welche die Schönheit eines Ortes und die Gegenwart einer Frau in ihm auslösen, und ergreift erst dann die Initiative (bittet die Musiker weiterzuspielen und bestellt Punsch). Gewiss, Rousseau erinnert sich und versucht mit einigen Jahren Abstand, das Glücksgefühl zu sezieren, das er auf der Sankt-Petersinsel empfand. Er denkt zunächst an die Schönheit des Ortes und das Panorama, das er von einer Anhöhe aus bewunderte, bevor er zum Ufer des Sees hinabstieg. «Wenn der stürmische See mich am Rudern hinderte, so brachte ich meinen Nachmittag damit zu, die Insel zu durchstreifen und zur Rechten und zur Linken zu botanisieren; bald ließ ich mich an den lieblichsten und einsamsten Plätzchen nieder, um dort nach Herzenslust zu träumen, bald lagerte ich auf Anhöhen und Hügeln, um den prächtigen und entzückenden Anblick des Sees und seiner Ufer zu genießen.» Dann benennt er im Einzelnen die Bedingungen seines Erlebens: ein Ort, an dem er sich ausstrecken kann, und die Ruhe, die dem Hin und Her des Wassers einen regelmäßigen und hypnotisierenden Rhythmus verleiht. «Wenn der Abend nahte, so stieg ich von den Höhen der Insel herab und setzte mich dann gern in einen verborgenen Winkel auf das sandige Ufer.» Er gibt sich dem Rhythmus des Wassers hin und verbannt nach und nach alle Gedanken über seine Lage, um dem reinen Gefühl des Daseins nahezukommen. «Das Her- und Zurückfluten des Wassers, sein immerwährendes Geplätscher, das jedoch von Zeit zu Zeit anschwoll und unaufhörlich an mein Ohr drang und meinen Blick gefangen hielt, ersetzten die innere Bewegung, welche die Träumerei zum Schweigen brachte, um mich mein Dasein mit Behagen empfinden zu lassen und mich der Mühe des Denkens zu entheben.»

Diese Flucht aus dem sozialen Leben hin zu einem

rein physischen Daseinsgefühl ist indessen relativ und basiert ihrerseits auf dem Glück der Begegnung. Ab 1765 lebte Rousseau in freundschaftlicher Umgebung auf der Sankt-Petersinsel, und zwar in dem einzigen Haus, das es dort gab. Es gehörte dem Berner Spital und wurde vom Inselpächter Engel bewohnt, den er begleitete, um sich mit der Botanik der Insel vertraut zu machen. In Môtiers, wo er sich 1762 niedergelassen hatte, war er Alexis du Peyrou begegnet und hatte in ihm einen Freund gefunden, mit dem er eine lange Korrespondenz unterhielt. Rousseau verlor nie seine Fähigkeit, Freundschaften zu schließen – gleichsam zum Ausgleich für seinen Hang, sich viele Feinde zu machen. Und so war es auch in den letzten Tagen seines Lebens, im Château d'Ermenonville, wo er von der Marquise de Girardin aufgenommen wurde. Dort erinnerte er sich an die Glücksmomente, die er am Bieler See erlebt hatte, während er fortfuhr, an seinen *Träumereien* zu schreiben. «War der Abend schön, so machten wir alle nach der Abendmahlzeit noch einen Spaziergang über die Anhöhe hinweg, um die Seeluft und die Kühle zu genießen. Man ruhte in der Laube aus, lachte, plauderte, sang ein altes Lied, welches wohl so viel wert war wie das neumodische Getriller, und schließlich ging man zu Bette, zufrieden mit seinem Tag und nur vom Wunsch beseelt, am nächsten Tag wieder einen solchen zu erleben.»

Rousseau braucht solche Augenblicke schlichter und aufrichtiger Freundschaften, um glücklich zu sein. Bei Stendhals Protagonisten ist es das gerade empfundene Liebesglück, das sie veranlasst, einen friedlichen, wohlwollenden und bei Bedarf nachsichtigen Blick auf die Menschen in ihrer Umgebung zu werfen.

Doch stets äußert sich das Glücksgefühl in einem körperlichen Empfinden. Das Behagen, das Jean-Jacques und die Protagonisten bei Stendhal empfinden, beruht auf einer in diesem Augenblick wahrgenommenen Harmonie zwischen dem inneren Frieden und der unmittelbaren Umgebung – einer ihrem Wesen nach zerbrechlichen und vergänglichen Harmonie, die aber in Erinnerung bleiben wird.

In verschiedenen Kontexten (Lucien Leuwen ist eine Romanfigur, auch wenn Stendhal es sich nicht nehmen lässt, im Laufe der Handlung im eigenen Namen zu sprechen, vor allem im Blick auf das Glück) findet Rousseau in Stendhals Werk ein vielfältiges Echo, das sich auch in der fiktiven Erzählung niederschlägt. So macht Lucien auf seiner Reise nach Italien, wo er eine Stellung antreten soll, auch in Ermenonville Station und kauft dort ein Bett, das einst Madame de Warens gehört hatte.

Obwohl Stendhal Kritik an Rousseau übte, empfand er doch eine Bewunderung für ihn, die bis hin zur Identitätsverwechslung reichte. In *Das Leben des Henri*

Brulard finden sich Bekenntnisse, die an die von Rousseau erinnern, wie auch intime Äußerungen über seine Ängstlichkeit gegenüber Frauen und seine geringen Erfolge bei ihnen. Dennoch gibt es Unterschiede zwischen Rousseau, der näher an die Weisheit der Stoiker heranreichte und, obwohl zu einem instabilen, umherschweifenden Leben verdammt, niemals aufhörte, nach einem ruhigen Dasein an einem friedlichen Rückzugsort zu streben, und Stendhals Helden, die stets bereit sind, das Abenteuer zu suchen und sich auf den Weg zu den anderen, zur Liebe oder zum Tod zu machen. Gewiss, Stendhals Helden finden ihre Augenblicke des Liebesglücks nur, wenn die Zeit stehenbleibt, aber sie laufen viel. Das ist allerdings noch gar nichts im Vergleich zu Don Juans Jagd nach vergänglichen Gefühlsaufwallungen, sammelt er doch Frauen wie andere Leute Schmetterlinge, und so löschen die Freuden des Verführens und Eroberns die erregenden Momente der Begegnung nahezu augenblicklich aus.

Die Geschichte der Literatur bietet uns ein unerschöpfliches Reservoir möglicher Haltungen gegenüber der Zeit und dem Glück. Das Schreiben, das eine Distanz zur rohen Emotion schafft und sich zugleich bemüht, sie anderen verständlich zu machen, ist in dieser Hinsicht gleichermaßen Forschungsobjekt und Forschungsinstrument. Zuweilen gelingt ihr das Wunder, den namenlosen Leser spüren zu lassen, was sie zu analysieren versucht und plötzlich auch erfolgreich rekonstruiert. Indem sie eine Bewegung freudiger Erregung und des Erkennens wie auch Wiedererkennens auslöst, wenn sich das Einzigartige zeigt und buchstäblich in der Begegnung mit einem «Glück des Schreibens» wiederfindet, auf das sogleich auch das Glück des Lesers antwortet.

8
Chansons

Ein Volk, das singt, ist ein glückliches Volk, glauben manche. Ein paar passende Bilder mögen das illustrieren, auch wenn sie recht alt sind: Ein Anstreicher pfeift auf seinem Baugerüst laut vor sich hin, und die Melodie verwandelt sich in einen bewundernden Seufzer (oder Pfiff), wenn ein hübsches Mädchen auf der Straße vorbeigeht: «Ça *c'est à la française!*» kommentiert die spöttische Stimme von Maurice Chevalier: «Das ist französisch!»

In meiner Erinnerung ist die Befreiung eine glückliche Zeit, während der alle Welt sang und viele Leute (allerdings ausschließlich Männer) auf der Straße pfiffen. Saint-Granier, der in den dreißiger Jahren den ersten Talentwettbewerb im Radio organisierte, moderierte 1945 eine tägliche Radiosendung mit dem Titel *On chante dans mon quartier* («In meinem Viertel wird gesungen»). Der mitreißende, von Francis Blanche stammende Refrain wurde in Paris von vielen auf der Straße gesungen: «*Ploum ploum, tralala, voilà c'qu'on chante, voilà c'qu'on chante … Ploum ploum, tralala, voilà c'qu'on chante chez moi*» – «Plumm plumm tralala, das singt man, das singt man … Plumm plumm tralala, das singt man bei uns». Ich war zehn Jahre alt, aber die euphorische Atmosphäre, die manche Lieder in Paris verbreiteten, ist keine Erfindung von mir. *La Chanson du bonheur* [aus der französischen Fassung von Disneys *The Three Caballeros*], dessen französischer Text gleichfalls von Francis Blanche stammte, fügte der allenthalben herrschenden Fröhlichkeit eine sentimentale Note hinzu.

Das plötzliche Bedürfnis, eine Melodie zu summen, zeigt deutlich den zweckfreien und befreienden Charakter des Drangs, dem wir da nachgeben. Beim Refrain bleibt das Defilee der Bilder von gestern und morgen, das den Alltag ausmacht, unvermittelt stehen, die Zeit hält in ihrem Fluge inne, und der für solche Rhythmuswechsel sensible Zuhörer identifiziert sich mit diesem Innewerden, das sein Bewusstsein leer werden lässt. Einen Augenblick lang ist er ganz Rhythmus, Reim und Melodie.

Dieses Bedürfnis stellt sich heute nur noch selten ein, weil die Stille, aus der es geboren wurde, verschwunden ist. Wir ertragen Stille nicht mehr. Jedenfalls versuchen die aktiven Vertreter der Konsumgesellschaft uns dies einzureden, die jegliche Stille mit allem vollstopfen, was ihnen die Lieferanten des über Radio und Fernsehen verbreiteten Lärms zur Verfügung stellen. Heute ist es in Paris schwierig, ein Bistro zu finden, das einem nicht die Ohren mit schmerzhaft lauten Schlagzeugrhythmen volldröhnte. Im Quartier Latin gibt es immerhin ein paar, die es – durchaus erfolgreich – wagen, Chansons mit Text zu spielen. Trenet, Barbara, Reggiani, Brel, Bécaud, Montand, Moustaki, Nougaro, Brassens, Ferré und ein paar andere finden dort eine neue Jugend.

Das Chanson ist beispielhaft für die Annäherung zwischen Schaffendem und Nutzer, die mir als eine mögliche Quelle von ganz gewöhnlichem Glück erscheint. Diese Annäherung verdankt sich zunächst einmal der Stimme, die das Lied berühmt gemacht hat. Edith Piaf hat die durch sie unsterblich gewordenen Lieder nicht selbst geschrieben. Auch die Komponisten sind nicht alle Textautoren und Musiker. So existiert das Chanson, wenn es ein gewisses Alter erreicht hat, als ein Kunstwerk, das zwar nicht anonym ist, aber allen gehört – ein wenig wie Victor Hugo, dessen schriftstellerische Qualität niemand in Zweifel zieht, dessen Figuren jedoch solch eine Statur gewonnen haben, dass man den Eindruck hat, es hätte sie immer schon gegeben, ganz unabhängig davon, wer sie erfunden hat. Wenn ein Sänger ein beliebtes Chanson singt, ob nun gut oder schlecht, macht er es zu dem seinen. Für ein paar Minuten ist er dessen Autor.

In Familien, in denen gesungen wird, können Chansons und Schlager, selbst in unvollständiger oder nur annähernd korrekter Form, eine Art historisches Gedächtnis und ein Band zwischen den Generationen bilden. Man möge mir verzeihen, wenn ich dafür ein paar Beispiele aus meiner eigenen Familiengeschichte anführe. Mein Vater und mein Großvater sangen – wie viele Männer aus dem Volk und der Mittelschicht ihrer Generationen. Und ich folgte ihrem Beispiel mit Begeisterung, angeregt von ihrem Lachen, wenn sie mich die ein wenig pikanten oder zweideutigen Trinklieder oder von ihrem Dienst in der Armee mitgebrachten Soldatenlieder singen hörten.

Mein Großvater war 1880 geboren worden, und ich hatte 1940 sehr bald das Gefühl, dass die Geschichte sich wiederholte. Mein Großvater sang, mein Vater, der ihn als Kind gehört hatte, sang gleichfalls, und auch ich nahm in der ruhigen Intimität der Familientreffen eine Reihe von Liedern auf. Eines davon hatte einen kriegerischen Tonfall:

Vous n'aurez pas l'Alsace et la Lorraine,
Et, malgré vous, nous resterons français.

Vous avez pu germaniser la plaine,
Mais notre cœur vous ne l'aurez jamais.

Ihr werdet das Elsass und Lothringen nicht
bekommen,
Und wir werden euch zum Trotz französisch
bleiben.
Ihr habt die Ebene germanisieren können,
Aber unser Herz wird euch niemals gehören.

Trotz einer insgesamt eher militaristischen Grundstimmung in unserer Familie gelang es uns, zweifellos wegen seines mitreißenden Marschtakts, diesen subversiven Refrain anzustimmen:

Salut, salut à vous, braves soldats du
dix-septième …
[…] Vous auriez en tirant sur nous
Assassiné la République.

Seid gegrüßt, ihr tapferen Soldaten
des Siebzehnten …
[…] Hättet ihr auf uns geschossen,
So hättet ihr die Republik ermordet.

Bei den Liedern war mein Großvater ein Eklektiker. Er brachte mir ein Couplet bei, das ich heute noch bezaubernd finde, und gelegentlich ertappe ich mich dabei, dass ich es still vor mich hin singe:

Si j'étais un petit serpent,
Ô félicité sans pareille!
e sifflerais fort tendrement
Des mots bien doux à votre oreille!

O, könnt' ich doch die Schlange sein,
Die Du zum Spiel Dir auserkoren!
Wie wollt' ich meine Liebespein
Dir flüstern in die kleinen Ohren!
[So die deutsche Fassung von 1880]

Er sagte mir nie, woher dieser Vierzeiler stammt, erst kürzlich fand ich beim Surfen im Internet heraus, dass es sich um einen Auszug aus der Operette *Der Großmogul* von Edmond Audran nach einem Libretto von Alfred Duru und Henri Chivot handelt, die erstmals 1877 in Marseille und 1884 dann im Pariser Théâtre de la Gaîté aufgeführt wurde. Die Heldin der Operette ist eine Schlangenbeschwörerin.

Mein Großvater verfügte auch über ein ausgewähltes Repertoire anzüglicher Lieder. Ihm verdanke ich es, dass ich schon recht früh Lieder über den Wind sang, der den Mädchen den Rock hebt, zum Beispiel dieses, das ich gelegentlich heute noch summe:

Le vent lève ton jupon Rose
Et laisse voir
Une fine Cheville close
Dans un ravissant bas noir
Si bien que le passant suppose apercevoir
Quelque chose, Quelque chose
Que tu ne dois laisser voir.

Der Wind hebt deinen rosa Unterrock
Und lässt so sehen
Eine zarte Fessel
In einem bezaubernden schwarzen Strumpf,
Sodass der Passant meint,
Etwas zu sehen,
Das du nicht sehen lassen darfst.

Das Internet sagt mir, dass es sich hier um ein «altes Lied» handelt, das ein gewisser Edmond Rat, seines Zeichens Friseur, wahrscheinlich zwischen 1870 und 1880 in einem sorgfältig auf dem neuesten Stand gehaltenen Verzeichnis notierte hatte. Ich habe keine Ahnung, wo mein Großvater das Lied gehört und dann auch behalten hat.

«*Quand refleuront les lilas blancs*» – «Wenn der weiße Flieder wieder blüht» – war dagegen ein Klassiker, auch wenn wir damals nicht wussten, dass es von einem Deutschen komponiert worden war. Dort erfuhr ich, dass der Flieder und der Frühling angeblich die weibliche Sinnlichkeit erhitzen und «die Frauen unter dem Einfluss des berauschenden Frühlings Dummheiten begehen»:

Les femmes conquises
Feront sous l'emprise
Du printemps qui grise
Des bêtises.

Neben Augenblicken patriotischer Begeisterung, Auszügen aus Operetten und der Huldigung weiblicher Reize waren die bevorzugten Themen eher sentimentaler Art; «*Les roses blanches*», «*Parlez-moi d'amour*», «*Vous qui passez sans me voir*» – Berthe Silva, Lucienne Boyer und Jean Sablon setzten die Maßstäbe. Diese veränderten sich mit der Zeit. Charles Trenet («*Je chante, je chante soir et matin*») galt meinen Eltern als ein «Jazzer», mit allem, was dieser Ausdruck in ihrem Munde an erschrockener Distanz bedeutete. Mein Großvater, der aus Toulouse stammte und sagte, er sei von seiner bretonischen Frau kolonisiert worden, sang «Ô Toulouse» schon lange, bevor Nougaro diese Hymne an die rosarote Stadt neu erfand.

All diese Melodien und Weisen, deren Liste ich hier abkürze, erinnern mich an die Küche des bereits erwähnten Hauses in der Bretagne, in der wir meistens unsere Gesangsübung abhielten. Dort erhielt ich meine erste musikalische Ausbildung (die «große Musik» lernte ich erst später kennen), und trotz meines schlechten Gedächtnisses kann ich heute noch fast fehlerfrei die Texte vieler Couplets aufsagen, an denen wir uns bei unseren Familientreffen erfreuten.

Ich selbst habe an französischen Chansons immer ganz besonders diese Mischung aus melancholischer Fröhlichkeit und Resignation geliebt und bewundert, die (vor allem im Refrain) die Ambivalenz der Worte fortsetzt und so beim Hörer auf poetische Weise einen Gemütszustand auslöst, der wie das Leben unbestimmt bleibt: weder traurig noch fröhlich, sondern intensiv.

Charles Trenet singt 1971 (also spät, als er schon nicht mehr der «singende Irre» ist):

> *«Fidèle, fidèle, je suis fidèle …»*

> «Treu, treu, ich bleibe treu …»

In den nun folgenden drei Strophen ziehen Bilder und Ereignisse eines ganzen Lebens an uns vorüber, die nur für denjenigen Bedeutung haben und existieren, der sich daran erinnern kann (eine Straße in Béziers, eine Tante Émilie, ein Sommerabend in Montauban …), und dann endet das Lied dennoch in einem beschwingten Ton:

Fidèle, fidèle pourquoi rester fidèle
Quand tout change et s'en va sans regrets
Quand on est seul debout sur la pass'relle
Devant tel ou tel monde qui disparaît
Quand on regarde tous les bateaux
qui sombrent
Emportant les choses qu'on espérait
Quand on sait bien que l'on n'est plus
qu'une ombre
Fidèle à d'autres ombres à jamais.

Treu, treu, warum treu bleiben,
Wenn alles sich ändert und einfach dahingeht;
Wenn man allein nur auf dem Bahnsteig steht
Vor dieser oder jener verschwindenden Welt;
Wenn man sieht, wie alle Schiffe untergehen
Und die Dinge mit sich nehmen, die man
erwartete;
Wenn man genau weiß, dass man nur
noch ein Schatten ist,
Der anderen Schatten stets treu
bleiben wird?

«Fidèle» gehört für mich zu jenen Chansons, die jemand anderer als ihr Autor nur schlecht singen kann, und dennoch eignet man sie sich wie von selbst an, weil man sie, wenn man sie versteht, augenblicklich mit dem Klang verbindet, den man mit all seinen Wendungen und Nuancen in sich aufnahm. Jedes Lied ist eine Erinnerung. Darin liegt die Kraft seines Zaubers, denn es ist eine persönliche Erinnerung, die von den Lebensumständen und Geheimnissen dieser Persönlichkeit bestimmt ist und, wenn sie denn unvermittelt an einer Straßenecke oder bei einer Zufallssuche im Radio auftaucht, die ganze Aufmerksamkeit auf sich zieht, weil man sie wie ein Echo der eigenen Stimme empfindet.

Als gute Zauberer wissen die Autoren sehr genau, wie dieser Zauber funktioniert. Gelegentlich beschreiben sie es sogar im Text ihres Liedes. Die beharrliche Schlichtheit einer Melodie verleiht der Stimme von Cora Vaucaire oder Yves Montand etwas Walzerhaftes, wenn sie singen:

Trois petites notes de musique
Qui ont plié boutique
Au creux du souvenir
[…]
Mais un jour sans crier gare
Elles reviennʻt en mémoire …

Drei kleine Töne, längst vergraben
In den Tiefen der Erinnerung
[…]

Aber eines Tages, ganz ohne Vorwarnung,
kommen sie dir wieder in den Sinn …

Die Zauberer (in diesem Fall Henri Colpi für den Text und Georges Delerue für die Musik) haben verstanden, welchen geheimen Reiz es hat, wenn man die Zeit heraufbeschwört. Das breite Publikum kennt ihren Namen nicht, aber sie verdienten eigentlich wie die Interpreten ihrer Lieder den Namen «Wohltäter der Menschheit», schenken sie den Menschen doch Augenblicke kleinen Glücks, diese «Glücksmomente trotz aller Widrigkeiten», die sich gleichfalls «eines Tages, ganz ohne Vorwarnung», einstellen.

Der aus Quebec stammende Autor, Komponist und Sänger Félix Leclerc, auch er ein Zauberer im vollen Sinne des Wortes, sang erstmals 1948 «*Le petit bonheur*» («Das kleine Glück») – wie der Titel dieses Buches auch gut hätte lauten können. Darin findet sich eine Lektion über die Resignation angesichts des Unvermeidlichen und über den Glauben ans Leben, die Charles Trenets «*Fidèle*» vorwegnahm.

Das kleine Glück, das er «*au bord d'un fossé*» («am Rande eines Grabens») verlassen und weinend gefunden hatte, ist eines Tages plötzlich verschwunden, gleichgültig, «*sans joie, sans haine*» – «ohne Freude, ohne Hass».

Enfin que j'me suis dit:
«Il me reste la vie.»
J'ai repris mon bâton, mes deuils,
mes peines et mes guenilles,
Et je bats la semelle dans des pays
de malheureux.
Aujourd'hui quand je vois une fontaine
ou une fille,
Je fais un grand détour
ou bien je me ferme les yeux (bis).

Endlich habe ich mir gesagt:
«Mir bleibt das Leben.»
Ich habe meinen Stab, meine Trauer,
mein Leid und meine Lumpen
wieder aufgenommen
Und trete mir die Füße warm in Ländern
voller Unglücklicher.
Wenn ich heute einen Brunnen
oder ein Mädchen sehe,
mache ich einen großen Bogen
oder schließe die Augen (Wiederholen).

Die «Weisheit» der Chansons liegt weniger in den Worten als in der Grundstimmung, die sich aus der Verbindung mit der Musik ergibt. Außerdem singt oder summt man sie nur dann, wenn man Lust darauf oder das Bedürfnis danach hat. Jeder kann sie nach Belieben verwenden, in ihrer Gesamtheit repräsentieren sie die Summe aller nur erdenklichen Gefühle und Einstellungen jedes beliebigen Menschen. In diesem Sinne gehören sie alle dem, der sich ihrer bemächtigt.

Wer sich ihrer bemächtigt, tut dies spontan auf der Grundlage seiner eigenen Erfahrung, seiner eigenen Vergangenheit, und das Bedürfnis nach einem Lied ist nur für ihn Ausdruck der Lust, auf Distanz zur prosaischen Verfassung der Realität zu gehen. Ein Lied summen heißt zugeben und hoffen, verstehen und über etwas hinausgehen, heißt – im Wissen um die Gemeinsamkeit menschlicher Emotionen – eine provisorische, aber hartnäckige Art von Glück zu finden. Zugleich ist es eine kostbare und seltene Erfahrung von Zeit. Ein wiedergefundenes Lied ist niemals abgedroschen, sondern jedes Mal wieder neu. Ein populäres Lied bietet allen die Gelegenheit, wieder einen schöpferischen Augenblick, einen wahren Anfang zu erleben.

9
Gesang und Geschmack Italiens

In Italien hat man den Kult des *bel canto*, des «schönen Gesangs», bewahrt. Diese lokale Besonderheit wird gelegentlich genutzt, um ortsfremde Touristen zu betören und ihnen etwas Geld aus der Tasche zu ziehen, die Darbietung wird aber stets auch von Liebhabern des Unverfälschten geschätzt. Ich habe ein Jahr in Turin verbracht, dort wohnte ich an der Piazza Carlo Alberto, auf der die Terrassen der Restaurants von mittags bis abends voll besetzt sind. So stellten sich dort auch zahlreiche Musiker ein, ich erinnere mich an einen mittelmäßigen Akkordeonspieler, dem man eiligst ein paar Münzen gab, um möglichst rasch die drei Liedchen hinter sich zu bringen, die er unbedingt herunterleiern musste. Das war eine tägliche Folter für die

Anwohner des Platzes, den jeden Tag auch viel Laufkundschaft besuchte, angezogen von der Schönheit des Ortes und der fröhlichen Atmosphäre, aber eben auch weitaus nachsichtiger gegenüber dem Gejaule unseres Akkordeonspielers.

An manchen Abenden bildete sich in einer Ecke des Platzes ein kleiner Menschenauflauf, und man ahnte die Silhouette des Mannes mit der goldenen Stimme, der anhob, das bekannte neapolitanische Lied *Che bella cosa na jurnata 'e sole* zu singen, mit großer Konzentration und einer klaren, wohlartikulierten Stimme, wobei man sehr deutlich spürte, dass all dies nur ein Vorspiel für das hochfliegende Finale war: *O sole mio*, bis ans Ende kraftvoll und unter dem Beifall seiner getreuen Verehrer wie auch der einmaligen Zuhörer hinausgeschmettert von diesem Pavarotti der Straße.

Der Charme der Abende auf der Piazza Carlo Alberto hatte diesem Mann einiges zu verdanken. Und falls ich eines Abends einmal in Turin Zwischenstation machen und die Chance haben sollte, einen Tisch auf diesem Platz zu ergattern, werde ich ganz sicher noch deutlicher das Glück spüren, dort sein zu können.

Italien, das ist gleichermaßen Oper und Lied, Puccini und Umberto Tozzi, *La Bohème* und *Ti amo*, lyrischer Höhenflug und liebenswerter, zur Obsession gewordener Refrain.

Ich ergreife hier die Gelegenheit, meine Wertschätzung für Italien und die Italiener zum Ausdruck zu bringen. Da es in diesem Buch um Glücksmomente geht, bekenne ich, dass es zu meinen wiederkehrenden Freuden gehört, in die eine oder andere italienische Stadt zu reisen, in die mich ein freundlicher Kollege eingeladen hat. Diese nur ein paar Tage dauernden Reisen sind ein Fest. Sie geben mir die Möglichkeit, zugleich die Freuden der Rückkehr, das Glück der Begegnung, einen anregenden intellektuellen Austausch und jene sinnlichen Freuden zu genießen, die der Glanz der Städte und der Geschmack der lokalen Küche zu schenken vermögen.

Es gibt viele Gründe, Italien zu lieben, und ich habe zahlreiche glückliche Erinnerungen daran, Erinnerungen, die keinerlei nostalgischen Beigeschmack haben, sondern mir von Zeit zu Zeit in den Sinn kommen wie ein Versprechen, wie ein Lichtstrahl, wie eine Aufheiterung der Seele, die den Alltag plötzlich in lebhaftere Farben taucht. Unter diesen Erinnerungen sind solche an die dortige Küche nicht die schwächsten, und auf diesem Gebiet nimmt die Pasta eine besondere Stellung ein.

Nudelgerichte gehören zu den Schwachpunkten der französischen Küche. Was sage ich? Sie sind kein Schwachpunkt, sondern eine gewaltige Lücke, eine abgrundtiefe Leerstelle, ein kulinarisches Schwarzes

Loch. Die Lage hat sich seit einiger Zeit ein wenig verbessert, vielleicht unter dem Einfluss der *nouvelle cuisine* und einer besseren Kenntnis der italienischen Tradition. Aber in meiner Kindheit waren Teigwaren gleichbedeutend mit Nudeln – Symbol einer absoluten Nichtküche. Nudeln, das war wie Wasser: farblos, ohne Geruch oder Geschmack, zu allem Überfluss auch noch von weicher Konsistenz und ein wenig klebrig, sodass sie vage an ein Medikament erinnerten. «*Nouille*» – «Nudel» – war in unserer Schülersprache eine Beleidigung, die charakterliche Weichheit und körperliche Trägheit mit ein und derselben Verachtung strafte. In Wasser gekochte Hörnchennudeln mit ein wenig zerlassener Butter, das gab man Kindern und Kranken, um ihren Magen nicht zu belasten. Das war es auch, was man in der Schulkantine oder als bettlägeriger Patient im Krankenhaus resigniert hinunterschlucken musste. Schlimmer noch als Hörnchennudeln waren die in der Suppe schwimmenden Fadennudeln, die man in ganzen Paketen und mit geschlossenen Augen hinunterwürgte. Ganz gleich, welche Form und welchen Namen der Hersteller seinen «Teigwaren» gab, sie waren in meinen Kinderaugen nichts als uninteressante Varianten der Hörnchen- und Fadennudeln.

Solche Erinnerungen prägen, und ich erinnere mich noch sehr genau (man verzeihe mir diese Anekdote, die meiner Familie durchaus keine Ehre macht), dass meine Eltern auf unserer ersten Italienreise ihr Gesicht verzogen, als man ihnen im Restaurant die Speisekarte erläuterte. Sie meinten: Ach nein. Keine Nudeln! Meine Liebe zur Pasta habe ich also nicht von der Familie geerbt, sie erwachte erst später, als ich Italien und seine Küche in Gesellschaft kundigerer Führer entdeckte.

Für mich ist die Küche untrennbar mit Freundschaft verbunden. Natürlich kann man ein gutes Gericht oder einen guten Wein auch allein genießen, aber in guter Gesellschaft verzehnfacht sich der Genuss. Freundschaftliche Geselligkeit steigert den kulinarischen Genuss und umgekehrt. Über kulinarische Genüsse reden heißt deshalb stets auch, über Geselligkeit zu reden und sich an Menschen zu erinnern, denen man – zuweilen nur kurz, stets aber intensiv – begegnete und die man zu schätzen gelernt hat. Bei dieser Gelegenheit möchte ich zahlreichen italienischen Freunden danken und ihnen gestehen: Ich bin froh, dass es sie gibt, dass sie stets zur Stelle sind und mir dadurch das Bild und die Vorstellung eines stets möglichen Glücks vermitteln.

Küche und Pasta haben erheblichen Anteil an diesem Freundschaftspakt. Vor allem die Pasta ist Gegenstand von Empfehlungen, die man nur engen Freunden gibt. Eines Abends nahmen Freunde aus Modena mich nahezu heimlich mit in einen Gasthof in der Umgebung der Stadt. Die Wirtin, eine ältere Dame, war bekannt dafür, dass sie seit langer Zeit schon eine unvergleichliche Pasta auf den Tisch brachte. Ich fühlte mich geehrt und geschmeichelt und war fast schon ergriffen, dass man mich in den Kult einbezog, den ihre ältesten Kunden oder, wie man besser sagen sollte, Bewunderer um sie trieben. Hier sei angemerkt, dass in Italien die Pasta einen ganz besonderen Platz im Ablauf einer Mahlzeit einnimmt. Die Pasta ist die Quintessenz des *primo*.

Dieser erste Gang ist eine veritable Institution. Roland Barthes verwendete die Reihenfolge der Gerichte und der dadurch gemachten Vorschläge innerhalb eines Menüs als Modell für die Definition des Verhältnisses zwischen Paradigma und Syntagma. Auch in Frankreich gibt es «Entrées», die den Hors-d'œuvres folgen wie die *primi* den *antipasti*, aber die «Entrées» gehören zur Hochküche und den syntagmatischen Abläufen offizieller Menüs. In der alltäglichen Praxis stehen die Entrées auf derselben paradigmatischen Ebene wie die Hauptgerichte. Da es in Italien natürlich vorkommt, dass man nach der Pasta die Mahlzeit beendet oder dass man die Pasta auslässt, um ein Fisch- oder Fleischgericht zu essen, ist das Gesamtsyntagma dort theoretisch robuster. Speisekarten schlagen stets folgende Reihenfolge vor: *antipasti, primi, secondi* (und *dolce*), während in Frankreich häufiger autoritative Vorschläge zu lesen sind, die auf der Speisekarte in Gestalt von Alternativen daherkommen: «*hors-d'œuvre et plat*» oder «*plat et dessert*» («Vorspeise und Hauptgericht» oder «Hauptgericht und Nachtisch»). In beiden Fällen verschwindet das Entrée als gesonderter Bestandteil der Mahlzeit und als konstitutives Element des Menüs (des Syntagmas). In Frankreich ist der Inhalt des Entrées variabel, er kann von Fisch bis hin zu diversen Zubereitungen reichen und hat daher Ähnlichkeit mit einem «flottierenden Signifikanten», wie Lévi-Strauss dies nannte, während der italienische *primo* hauptsächlich aus Pasta oder Risotto besteht. Das Paradigma des *primo* umfasst eine Vielzahl von Pasta-Arten unterschiedlicher Bezeichnung und vielfältiger Zubereitung auf der Basis von Soßen oder Gemüse.

Der *primo* nimmt im Ablauf der Mahlzeit im Idealfall eine Zwischenstellung ein. Die Pasta *al dente* ist leicht und bietet einen idealen Übergang von dem, was etwas snobistische Oberkellner als «*mise en bouche*» («Vorgeschmack») bezeichnen (der Volksmund sagt, sie öffne den Magen), und dem Hauptgericht, das man isst, um den Hunger zu stillen. Die Pasta soll den Appetit des Essers unangetastet lassen und ihn sogar dauerhaft anregen. Aber sie ist von solcher Vielfalt und ihre Zubereitung kann so unterschiedliche Elemente umfassen (Käse, Fleisch, Fisch und Krustentiere, Trüffel und Champignons, angebautes Gemüse und am

Wegesrand gesammelte Kräuter), dass die Versuchung besteht, sie als Selbstzweck zu begreifen. Ich kannte eine Italienerin, die zuweilen zwei verschiedene Pastagerichte aß. Sie verwechselte ungeniert Syntagma und Paradigma, schien aber nicht das Gefühl zu haben, damit einen Verstoß gegen die Regeln der Sprache oder der Zunge zu begehen.

Die Pasta ist also ihrem Wesen nach ambivalent. Sie ist es, wie wir gesehen haben, aufgrund ihrer Stellung in der Ökonomie des Menüs, aber auch aufgrund ihrer Konsistenz (jeder Fehler beim Kochen verdammt sie zu ekelhafter Weichheit, aber sie muss dennoch kochendem Wasser ausgesetzt werden, damit sie zugleich fest und zart wird). Erst die Art ihrer Zubereitung und des Kochens macht sie kulinarisch interessant, wobei sie sich bescheiden als bloßer Geschmacksträger gibt. Wir alle kennen ihre der Geographie oder der Natur entnommenen Beinamen (Spaghetti à la carbonara, à la bolognese, mit Knoblauch oder mit Venusmuscheln) und zugleich auch ihren jeweiligen Geschmack und spezifischen Duft. Aus dieser Alchemie geht etwas Neues hervor: ein Ganzes, das sich wie in der Kunst nicht auf seine Bestandteile zurückführen lässt.

Die Pasta hat ihren Zweck in sich selbst, sie besitzt ihre eigene Vollkommenheit. Aber ihre normale Berufung ist es, eine Erwartung zu schaffen, zur Fortsetzung der Mahlzeit einzuladen, und diese Berufung ist auch sozialer Art. Die Gespräche bei Tisch folgen einem Rhythmus, der sich an den Mahlzeiten ausrichtet. Man macht sich normalerweise an die Pasta, wenn der anfängliche große Hunger bereits ein wenig gestillt ist und die Tischgenossen beginnen, sich freier den Freuden des sprachlichen Austauschs hinzugeben. Das Essen und die Getränke beschweren die Lebhaftigkeit des Gesprächs noch nicht mit ihrem Gewicht. Dies ist der zivilisierteste Augenblick der Mahlzeit.

Zwischen Gekochtem und Rohem, Hartem und Weichem, Einfachem und Komplexem entfaltet die von anderswoher stammende, aber zutiefst und definitiv italienische Pasta die Kraft der Gegensätze (dazu aufgerufen, sich miteinander zu verbinden, ohne sich gegenseitig auszulöschen) und der kulturellen Kontakte. Die Pasta italienischer Prägung hat friedlich die Welt erobert, aber es ist gut, dass es in Italien (und anderswo in der Welt) noch schöpferische Zentren handwerklichen Schaffens gibt, denn sie liefern den Qualitätsmaßstab angesichts der allgegenwärtigen Gefahr der Banalisierung, Kommerzialisierung oder Anpassung. Die Pasta läuft stets Gefahr, wieder zu bloßen Nudeln zu werden, wenn sie von falschen Köchen behandelt wird. Es geht darum, ob die Pasta auch morgen noch *al dente* sein wird.

Die Pasta ist also in vielerlei Hinsicht beispielhaft. Sie könnte sogar jenen Menschen Anlass zu Optimismus geben, die sich zu Recht Sorgen um die Zukunft der Erde und der Menschheit machen. Man muss sie sich verdienen, und man muss lernen, sie zu schätzen. Sie muss hergestellt werden, und jene, die sie auf den Tisch bringen, wissen, welche Verantwortung sie tragen. Sie ist in jeder Hinsicht das Produkt eines Bildungsprozesses. Pasta zu schätzen heißt, Ernsthaftigkeit und Freude am Genuss miteinander zu verbinden. Es heißt auch zu begreifen, dass die Notwendigkeit, die Welt, und zwar die ganze Welt zu ernähren, nicht unausweichlich Verzicht auf Qualität bedeutet. Bekanntlich finden die Gerichte der früheren Armen sich aufgrund des Snobismus unserer Zeit heute oft auf den Tellern der Reichen, die gelernt haben, deren Kraft und Finesse zu schätzen, während die heutigen Armen aus ökonomischen und anderen Gründen oft dazu verdammt sind, sich schlecht zu ernähren. Und die Ärmsten der Armen sind überall der Gefahr des Hungers ausgesetzt. Der Weg ist klar vorgezeichnet: Es gilt, einen Teil der Menschheit zu ernähren und den anderen Teil zu lehren, wie man isst. Ideal wäre es, wenn es gelänge, beide Ziele miteinander zu vereinen.

10
Landschaften

Landschaften prägen das Gedächtnis, aber oft fällt es uns schwer, sie genau zu beschreiben. Wenn wir es versuchen, geschieht das meist auf der Grundlage systematisch erforschter Erinnerungen, vielleicht sogar unter Zuhilfenahme von Dokumenten, doch was wir da beschreiben, hat kaum Ähnlichkeit mit dem mentalen Bild, das diese Erinnerung begleitet. Das Bild ist zugleich hartnäckig und verschwommen, geradeso wie der damit verbundene Eindruck – der Eindruck eines Augenblicks reinen Glücks, dessen Grund wir nicht kennen.

Diese Landschaften sind solche der spontanen und unvorhersehbaren, aber hartnäckigen Erinnerung, die oft denselben vertrauten und fernen Film oder dieselbe Bilderfolge vor unserem inneren Auge ablaufen lässt – Spuren der Kindheit ohne Zweifel. Als wir noch kleine

Kinder waren, schien die Welt größer, waren die Farben lebhafter. Der Teil der Landschaft, der sich unseren Blicken darbot, prägte sich uns als riesig ein. Und Fetzen dieses ursprünglichen Eindrucks spuken immer noch in unseren Köpfen herum.

Ein literarischer Stoff gewiss, der aber gerade deshalb viele anspricht:

«... der Anblick einer einzigen Mohnblüte, die am Ende ihres Tauwerks im Wind die rote Flamme aufzüngeln ließ über der schwarzen, wie ölgetränkten Boje, ließ mein Herz höher schlagen wie das eines Reisenden, der in der Nähe des Ufers eine erste gestrandete Barke erblickt, an der ein Kalfaterer gerade die Schäden behebt, und, bevor er es noch wirklich gesehen hat, ausruft: ‹Das Meer!›»

Ich las *Die Suche nach der verlorenen Zeit* 1953 in einem Zuge, und das wegen eines Drüsenfiebers, das mich zwang, im Zimmer zu bleiben, und mir diese außergewöhnliche Erfahrung ermöglichte. Ich zitiere die berühmte Passage über die Mohnblüte, weil sie, wie ich mich noch deutlich erinnere, bei der ersten Lektüre eine Erinnerung an die Vorkriegszeit in mir wachrief, wahrscheinlich aus dem Frühling oder Sommer 1938: Ich sollte einen Tag bei meinen Großeltern verbringen, und mein Großvater, der damals einen kleinen Citroën besaß, fuhr mit meiner Großmutter und mir nach Chantilly (sie lebten zu dieser Zeit noch in Paris). Von diesen Details hat man mir später immer wieder erzählt. Solche Ausflüge waren etwas Besonderes, und meine Großeltern waren an diesem Tag zudem noch frappiert gewesen von meinem Wunsch, mich ans Steuer zu setzen. Ich war drei Jahre alt. Ich meine, mich gut an diese Episode zu erinnern, aber es fällt mir schwer, zwischen meiner eigenen Erinnerung und dem nur allzu oft Erzählten zu unterscheiden. Proust war mir da eine Hilfe, denn als ich in *Unterwegs zu Swann* die Passage über die Mohnblume las, erinnerte ich mich plötzlich ganz deutlich an die ähnlich geartete Verzückung, in die ich an diesem Tag geriet, als wir zu einem Picknick anhielten und sich mir der Anblick einiger vom Wind bewegter Mohnblumen am Rande eines Weizenfeldes bot. Warum hatten diese Blumen meine Aufmerksamkeit geweckt und sich meinem Gedächtnis eingeprägt, bevor sich der Schleier des Vergessens darüber legen konnte? Ich weiß es nicht, aber meine proustsche Proust-Lektüre hatte mir unbestreitbar ein Gefühl aus der frühen Kindheit und eine Landschaft ins Gedächtnis gerufen, die sich beide in den Mäandern der Zeit verloren hatten.

Gelegentlich erinnere ich mich an eine weitere Erfahrung des Verlusts jeglichen Zeitbezugs im Zusammenhang mit einer ganz speziellen Landschaft: der von Ruinen. Sofern wir bei ihrer Besichtigung nicht unsere Nase in einen touristischen Führer stecken, vermitteln uns Ruinen keine präzise Vergangenheit. Für den gewöhnlichen Sterblichen sind sie lediglich eine sehr vage und gleichsam jeden Fleisches beraubte Anspielung auf eine ferne Zeit, aus der sämtliche Spuren von Leben verschwunden sind. In Tikal in Guatemala erlebte ich 1996 etwas, das ich als «reine Zeit» bezeichnen möchte. In einem Augenblick der Einsamkeit kurz vor Sonnenaufgang spürte ich im Urwald, in dem sich eine große Maya-Pyramide erhob, für einen kurzen Moment geradezu physisch und überaus deutlich – verstärkt noch durch die dichte Pflanzendecke, unter der sich zahlreiche weitere Pyramiden verbargen – eine reine Gegenwart der Zeit, mit der sich mein eigener Atemrhythmus verband, als machte der Wald jegliche individuelle oder kollektive Geschichte zunichte. Geblieben ist mir davon die paradoxe Erinnerung an einen Augenblick intensivster Bewusstheit und glückseliger Leere, eines glücklichen Zwischenspiels und einer Konzentration, aus der mich nicht einmal die Tiere zu reißen vermochten, die an mir vorüberzogen, ohne Notiz von mir zu nehmen.

Man kann sich fragen, wie die Ruinen zu Ruinen geworden sind und sich langsam in eine natürliche Landschaft verwandelt haben. Es gibt jedoch auch andere Szenarien. Städte wie Herculaneum und Pompeji wurden überraschend lebendig begraben von der Asche des Vulkanausbruchs, sodass die ersten Ausgrabungen im 18. Jahrhundert dort eine elegante und gemütliche Innenausstattung zutage förderten, die Möblierung und Dekoration der Wohnungen des Adels und des Bürgertums beeinflusste. Die Bonheurs-du-jour sind ein Beispiel für diesen Einfluss und für eine Neuinterpretation archäologischer Entdeckungen durch die zeitgenössische Mode.

Landschaften lassen nur wenige Menschen gleichgültig, und ich verstehe all jene sehr gut, die sich auf den Weg machen, um neue Horizonte zu entdecken. Gewiss, der Tourismus ist zu einer Industrie geworden und symbolisiert möglicherweise auch die Ungleichheit einer Welt, in der die einen Bilder konsumieren, während die anderen sich damit begnügen, darin als Staffage zu fungieren. Aber die Neugier der Touristen ist nicht unbedingt ein Zeichen von Gleichgültigkeit, vielleicht sogar das Gegenteil. Auf jeden Einzelnen bezogen, gibt es den Zynismus, der das Gesamtbild bestimmt, gar nicht.

Die Vielzahl der von jedem Touristen abgegrasten Landschaften bleibt trotz der Werbefilme, des Internets, der Alben und der Plakate etwas ganz Persönliches. Obwohl diese Landschaften dazu bestimmt sind, in Erinnerung zu bleiben, unterwirft sich doch nicht jedes individuelle Gedächtnis dem Diktat der Mode oder der Werbung. Es kommt vor, dass zwischen der Landschaft und ihrem Betrachter nichts geschieht, dass sie einander nichts sagen. Oder aber es entwickelt sich eine Faszination, und der Reisende, der eine Landschaft auf die eine oder andere Weise entdeckt, stellt eine exklusive Verbindung zu ihr her, als wäre er zwar nicht ihr Besitzer, wohl aber ihr Erfinder oder Schöpfer. Das ist zweifellos der Grund, weshalb manche Werke manche Menschen ganz besonders ansprechen. Es ist auch der Grund, weshalb es stets schwierig ist, einen Roman erfolgreich zu verfilmen. Figuren wie Landschaften nehmen in der Phantasie des Lesers Gestalt an, und wenn man ihn mit Gesichtern und Orten konfrontiert, die ein anderer ausgewählt hat, wird er gleichsam enteignet. Oder auch umgekehrt. Wenn ein Leser das Buch vor sehr langer Zeit oder in allzu frühem Alter oder allzu schnell gelesen hat, kann es geschehen, dass die Filmbilder endgültig die Phantome des Gedächtnisses auffressen. Dann nimmt Julien Sorel aus *Rot und Schwarz* für immer die Züge von Gérard Philipe an und Natascha Rostow aus *Krieg und Frieden* die von Audrey Hepburn.

Manche Filmlandschaften gewinnen im Gedächtnis der Zuschauer zuweilen eine derart gewichtige Stellung, dass sie sich mit Bildern real besuchter Landschaften vermischen. Solch eine präzise Beobachtung lieferte Jacques Tati in *Die Ferien des Monsieur Hulot*, und der kleine Strand von Saint-Marc-sur-Mer hatte solch eine Ähnlichkeit mit anderen kleinen Buchten an der bretonischen Küste, dass ich, als ich den Film in seinem Erscheinungsjahr 1953 sah (ich war damals siebzehn Jahre alt), den Eindruck hatte, er werfe einen indiskreten Blick auf mein intimes Familienleben. Die liebevoll aufgespießte Lächerlichkeit der Kleinbürger in ihrer Familienpension, die verträumte und alltägliche Monotonie der Nachmittage am Strand, die blonde Silhouette des wohlerzogenen jungen Mädchens, all das kannte ich oder erkannte es vielmehr wieder, ohne jemals in Saint-Marc gewesen zu sein. Auch die Nostalgie des musikalischen Themas, das sich durch den Film zieht, dieser Refrain, erinnerte mich an den Charme und den unbestimmten Überdruss der Ferien, die ich als Jugendlicher in der Bretagne verbrachte: «*Quel temps fait-il à Paris?*» – «Wie ist das Wetter in Paris?»

Die Ferien des Monsieur Hulot gehört zu den Filmen, die ich mir von Zeit zu Zeit mit stets neuem Vergnügen anschaue. 1995 gab ich einem alten, lange vor mir her geschobenen Wunsch nach und nahm mir ein Zimmer im Hôtel de la Plage, um von dort Abstecher nach Saint-Nazaire und Saint-Marc-sur-Mer zu machen. Wie ich feststellen konnte, hatte sich nichts verändert. Das galt auch für den Ort. Er kam mir sogleich vertraut vor, und ich musste mich selbst daran erinnern, dass ich noch nie zuvor dort gewesen war.

11
Freuden des Alters

Rousseau ist ein Beispiel, über das nachzudenken sich lohnt. Wieder einmal als Flüchtling bei einem sicheren und wohlwollenden Freund, Monsieur de Girardin, verbringt er in der heiteren Umgebung in Ermenonville die letzten zwei Monate seines Lebens mit der Niederschrift der *Träumereien*, bis er plötzlich an einem Hirnschlag stirbt. Dieser Mann suchte nach einem dauerhaften Zustand der Glückseligkeit, den er als guter Stoiker von bloßer Lust zu unterscheiden vermochte. «Hier beginnt das kurze Glück meines Lebens», schreibt er dennoch im 6. Buch der *Bekenntnisse* über seine Ankunft bei Madame de Warens, mit der eine Ruhepause in seinem von Umherirren und Leiden geprägten Leben beginnt. Er weiß indessen sehr genau, dass dieses Glück sich durch Schreiben verlängern oder wiederbeleben lässt. «Was soll ich tun, um nach meinem Verlangen diese so rührende und so einfache Schilderung zu verlängern, um immer das gleiche wieder zu sagen und meine Leser nicht mehr zu langweilen, wenn ich es wiederhole, als ich selbst mich langweilte, indem ich es ständig von neuem erlebte? Wenn all das in Tatsachen, Handlungen, Worten bestände, könnte ich es beschreiben und irgendwie wiedergeben; aber wie sagen, was weder gesagt, getan, selbst gedacht, sondern nur empfunden, gefühlt wurde, ohne daß ich einen andern Grund für mein Glück angeben könnte als dies Gefühl selbst? [...] Ich sehe in der Zukunft nichts mehr, was mich lockt; nur die Rückblicke auf das Vergangene können mir wohltun, und diese so lebhaften und so wahren Rückblicke auf die Zeit, von der ich spreche, lassen mich trotz meiner Leiden oft glücklich leben.» Man hat *Auf der Suche nach der verlorenen Zeit* gelegentlich mit den *Bekenntnissen* verglichen und darauf hingewiesen, dass Rousseau im Gegensatz zu Proust, der Rousseau in der *Recherche* niemals nennt, obwohl er ihn für ein «Genie» hielt, tatsächlich Bekenntnisse niedergeschrieben hat. Abgesehen von den gleichsam vorproustschen Passagen in den Bekenntnissen (wie das Immergrün, dessen Anblick und Name Rousseau an einen dreißig Jahre zuvor mit Madame de Warens unternommenen Spaziergang denken lassen) weist bei beiden Autoren alles auf das vitale Bedürfnis hin, zu schreiben um zu überleben, indem sie die vergangene Zeit zu einer wiedergefundenen Zeit und diese Suche wiederum zur Grundvoraussetzung jeglichen möglichen Glücks machen. Proust befreit sich wie Rousseau von allen Zwängen der Gesellschaft (einschließlich der «gesellschaftlichen Verpflichtungen»), um sich ganz denen des Schreibens zu widmen. Aber diese Zwänge ermöglichen zuweilen den Zugang zu dem, was Rimbaud das «wahre Leben» nannte, dessen übliche Abwesenheit dem Dasein jene triste, dem Unglück ähnelnde Freudlosigkeit verleiht.

Nicht jeder ist ein Schriftsteller, und dennoch kann jeder die Zeit als Freiheit erfahren. Es mag paradox erscheinen, aber vielleicht lernt man gerade mit zunehmendem Alter, sich von der Zeit frei zu machen, um sie sich anzueignen. Bei vielen älteren Leuten hat man heute den Eindruck, dass sie sich bemühen, sich Zeit zu nehmen. Alternde Mitglieder des Klein- und des mittleren Bürgertums in Europa geben sich dem unter der Sonne Portugals oder Marokkos fleißig hin, falls sie das nötige Geld dazu haben. Der Ruhestand ist für manche von ihnen eine Befreiung oder sogar ein Abenteuer, das sie keineswegs auf die für Leute ihres Alters vorgesehenen Orte beschränkt, sondern in Bewegung setzt und verpflichtet, «Bekanntschaften zu machen». Die glücklichsten unter ihnen haben gelegentlich den Eindruck, dass sie erst jetzt zu leben beginnen und, wenn auch spät, die Freude und Erregung des «ersten Mals» entdecken – was sie in die Nähe der «Schaffenden» bringt. Der Ausdruck «sein Leben erfinden» hat nichts Metaphorisches. Wer sich daranmacht, ein Kunstwerk zu schaffen, kann das Gefühl haben, seine ganze Existenz umzustürzen, und wer seinen Lebensstil ändert, kann dieselbe Begeisterung oder dieselben Ängste empfinden wie der Schaffende. Je mehr der Leser sich von dem Werk verführen lässt, desto eher ist er versucht, sich die dort gewonnenen neuen Sichtweisen anzueignen.

Nur in seltenen, kostbaren Augenblicken hat man das Gefühl, etwas Neues zu beginnen und dies auch gewählt zu haben. Der Beginn des Ruhestands gehört zu diesen Schlüsselmomenten, die über die Lebensweise entscheiden. Gewiss kommen hier zahlreiche Faktoren ins Spiel. Ermüdung und Krankheit sind höchst ungleich verteilt, und diese Ungleichheit ist zu einem großen Teil sozial bedingt. Das Durchschnittsalter der Kandidaten für das Amt des Staatspräsidenten liegt oft über dem Renteneintrittsalter derer, die er regieren möchte. Dennoch gehört der Beginn des Ruhestands – dessen Zeitpunkt durch staatliche Gesetze oder vertragliche Vereinbarungen festgelegt ist und der damit eine soziale Institution *par excellence* darstellt – unter ansonsten gleichbleibenden Bedingungen zu jenen Augenblicken, in denen der Einzelne sich entscheiden kann, weiterzumachen oder ein neues Leben zu beginnen und nach neuen Wegen zu suchen. Er bietet die – vielleicht letzte – Gelegenheit, seine Zeit in die eigenen Hände zu nehmen und dem Ausdruck «freie Zeit» seine volle Bedeutung zu verleihen. Es ist ein Geschenk des Alters, dass es jedem Zugang zu persönlicher Zeit des Gedächtnisses und der Phantasie, des Erinnerns und Träumens gewährt, den Quellen des künstlerischen und literarischen Schaffens.

In diesem Sinne ist der Ruhestand eine Herausforderung. Du wolltest Zeit haben? Da hast du sie. Was wirst du damit anfangen? Nochmals, wir wollen hier absehen von denen, die den Ruhestand nur erschöpft erreichen und denen Cioran grausam das Glück der Senilität zuweist. Von den übrigen haben manche sich vorbereitet. Einige haben sich – durchaus klassisch – ein Haus im Dorf ihrer Kindheit gekauft. Wie die Lachse kehren sie an ihren Geburtsort zurück und messen ihr Leben an der Ausgangssituation. Sie geben sich dem Schlafen und Fernsehen hin oder wachen auf und entfalten rege Aktivitäten. Da gibt es zahlreiche Möglichkeiten, von ehrenamtlichen Tätigkeiten bis hin zum Vereinsleben. Manche versuchen, ein seit Langem in ihnen gereiftes Projekt zu verwirklichen und gehen ins

Ausland oder nehmen etwas in Angriff, für das sie bislang keine Zeit hatten: eine Reise, Nachforschungen in einem Archiv, irgendetwas, das bis dahin nur ein mehr oder weniger vages Vorhaben gewesen ist und worüber sie bei einem Gespräch unter Freunden geredet haben. Wenn die Stunde des Ruhestands schlägt, stehen wir alle am Fuße der Mauer: jetzt oder nie. Wer die Mauer überwindet, wird sogleich dafür belohnt. Er hat das Gefühl, zumindest den Versuch gemacht zu haben, seinen Wünschen treu zu bleiben, und genau darin dürfte der Grund für die ständig gute Laune solcher Menschen liegen. Immerhin gibt es auf diesem Gebiet nur selten erfolgreiche Abschlüsse, endgültige Niederlagen oder eine vollständige Aufgabe der Ziele, sodass die Alten, sofern denn ihre Gesundheit mitspielt, insgesamt fröhlicher sind als viele andere.

Auch Krankheit bietet die Gelegenheit zu einem Kampf, der zu schönen Siegen führen kann, selbst wenn die Gefahr besteht, dass sie wie Napoleons Nordfrankreichfeldzug früher oder später (vor allem später) mit der Abdankung enden. Jeder dieser Siege markiert eine Rückeroberung: Man kann sein Bett verlassen und sich in einen Sessel setzen; man kann wieder ein paar Schritte laufen; man geht kurz nach draußen; man kehrt endlich nach Hause zurück, mit neuen Zwängen, aber auch einer neuen Sichtweise und der Möglichkeit, dort, wo man nur unbewusste Gewohnheiten zurückgelassen hatte, wieder Augenblicke des Glücks zu finden.

Mein Vater hatte häufig Stimmungsschwankungen, aber ein entschieden optimistisches Temperament, ihm verdanke ich die Sensibilität für die «kleinen Glücksmomente, die sich trotz aller Widrigkeiten einstellen» und mit denen ich mich hier etwas nuancierter befassen möchte. Bei meinem Vater wurde 1942 Parkinson festgestellt, eine Krankheit, von der man weiß, dass sie sich einige Jahre heimlich entwickelt, bevor sie schließlich manifest wird. In seinem Fall neigten die Ärzte dazu, die Erkrankung in einen Zusammenhang mit einem Hirninfarkt zu bringen, den er mit fünfzehn Jahren erlitten hatte, also gut zwanzig Jahre zuvor. In meiner Kindheit habe ich ihn oft von diesem Vorfall erzählen hören, dem er selbst eine entscheidende Rolle für seine persönliche Geschichte beimaß. Im Gymnasium in Bordeaux war er bis dahin ein ausgezeichneter Schüler gewesen, doch nun ließen seine Leistungen plötzlich nach. Die Aufnahme in die École Navale scheiterte an der medizinischen Tauglichkeitsprüfung, und auch an der École Polytechnique wurde er im folgenden Jahr abgewiesen. Er orientierte sich neu und ging an die École de Lyon, die damals führende Ausbildungsstätte für Finanz- und Verwaltungsbeamte, die er zwei Jahre später als *receveur de l'enregistrement* verließ.

Mein Vater erzählte gerne und ohne besondere Bitterkeit von alledem. In Lyon hatte er das Studentenleben entdeckt, geprägt von schwungvollen Studentenliedern, in denen die Vorzüge der «*surnumeraires*» oder «surnus» (Referendare) in der schönen Stadt Lyon gepriesen wurden, und eine neue finanzielle Freiheit gefunden. Lyon, wo ich noch nicht gewesen war, wurde in meinen kindlichen Augen die mythische und vertraute Stadt, in der mein Vater als junger Mann noch laufen konnte, ohne zu stolpern.

Er erzählte auch oft von seinem Aufenthalt in Lapleau im Département Corrèze. Er hatte inzwischen geheiratet. Meine Mutter, eine Waise, war ihm von Freunden der Familie vorgestellt worden. Sie beide sprachen mit großer Begeisterung von den in Lapleau verbrachten Monaten. «Hier beginnt das kurze Glück meines Lebens» – ich denke manchmal, mein Vater könnte sich seine an Rousseau gemahnende Zuversicht dort angeeignet haben. Vielleicht hat er auch selbst einmal etwas in der Art gesagt. Ich entdeckte und las Rousseaus *Bekenntnisse* in einem gebundenen Exemplar aus der kleinen Bibliothek, die ihn bis ins Wohnzimmer unserer Pariser Wohnung begleitet hat. Oft erzählten meine Eltern von dem Leben, das sie in dem großen Dorf Lapleau geführt hatten. Als Verwaltungsbeamter gehörte mein Vater zu den Notabeln und hatte denselben Rang wie der Notar und der Arzt. Aber neben ihrem gesellschaftlichen Leben, das, so bescheiden es auch sein mochte, ihr erstes war, blieben die langen Spaziergänge in der freien Natur meinen Eltern auf Dauer im Gedächtnis. Mehrmals erzählten sie mir in allen Einzelheiten von der Suche nach Steinpilzen am Ende des Sommers, die es in dieser Region im Überfluss gab. Mein Vater wurde dann nach Poitiers versetzt, wo ich geboren wurde, und zwei Jahre später nach Paris. Ich hatte immer das Gefühl, dass seine glückliche Zeit davor gelegen hatte, im Paradies des Départements Corrèze. Es sei noch hinzugefügt, dass er kurz nach der Ankunft in Paris eingezogen wurde, obwohl man ihn für dienstuntauglich erklärt hatte, und dass er schon kurz nach seiner Freistellung krank wurde.

Sein alltägliches Leben war nun beschwerlich, aber er besaß eine optimistische Grundeinstellung, die es ihm ermöglichte, die Freuden des Daseins, die Treue einiger Freunde und die Liebe meiner Mutter zu genießen. Die Entwicklung seiner Krankheit veranlasste ihn, Versuchskaninchen zu spielen, er gehörte in den fünfziger Jahren zu den ersten, die sich zu einer neurochirurgischen Operation bereitfanden, bei der nach einer Trepanation Elektroden eingesetzt wurden, um tiefere

Hirnbereiche zu stimulieren – ein schwerer Eingriff, der sich damals noch im Versuchsstadium befand, von dem er sich aber spektakuläre Ergebnisse erhoffte. Ich erinnere mich noch, dass ich am Ausgang des Operationssaals auf ihn wartete. Von der Trage aus, mit der man ihn zurück auf sein Zimmer brachte, lächelte er mir zu und streckte den Arm in meine Richtung, und dieser Arm zitterte nicht. Wenig später musste er seine Hoffnungen begraben. Der zweite Eingriff zeigte offensichtlich weniger Wirkung als der erste, und die Wirkung des ersten war nicht von Dauer. Aber damals schon war mir klar, dass ich niemals die Gebärde vergessen würde, mit der er mir seinen Sieg signalisierte.

Der Sieg mochte nur zeitweilig sein, doch er gab ihm für kurze Zeit die Gewissheit zurück, dass nichts vollkommen aussichtslos ist. Indem er seine Krankheit beherrschte, indem er ihrer Herr wurde, distanzierte er sich von ihr und fand zu sich selbst, obwohl die voranschreitende totale Invasion seines Körpers und seiner Psyche ihn zunehmend seiner selbst zu enteignen drohte.

Ich habe mich oft gefragt, worauf die Fähigkeit meines Vaters beruhte, die Prüfungen zu bestehen, die sein Leben belasteten. Bis er am Ende doch in eine etwas träge Gleichgültigkeit verfiel, ließ ihn der stete Wunsch nach den «kleinen Freuden» das Leben lieben. Der plötzlich aufkommende Drang, einen Ausflug an einen früher einmal besuchten Ort zu unternehmen, sich zu Tisch zu setzen, ein Glas Rotwein zu trinken, ein vertrautes Lied zu summen, ins Kino zu gehen oder zu reisen, all das ließ ihn seinen Zustand vergessen und trieb ihn voran. In meinen Augen verkörperte er die tief im Körper verwurzelte Lust, trotz aller Widrigkeiten zu leben, wie sie typisch für manche Kranke ist, die sich des Werts der kleinen alltäglichen Freuden bewusster sind als die Gesunden.

Nein, ich habe das ängstliche Lächeln nicht vergessen, das er mir zuwarf, als er mich zum Zeugen für die wiedergewonnene Unerschütterlichkeit seiner Hand und seines Armes nahm.

Freuden des Alters. Es kommt der Augenblick, da man einsehen muss, dass man alt ist. Die anderen helfen Ihnen dabei, falls Sie dazu neigen, es zu vergessen. Die körperliche Steifheit trägt ihren Teil dazu bei, auch wenn es Ihnen ansonsten gutgeht. Sie sind alt, soviel ist sicher, und Sie sind nicht mehr beleidigt, wenn ein Jüngerer im Bus aufsteht und Ihnen seinen Platz anbietet, selbst wenn es sich dabei um ein junges Mädchen handelt. Schon bald werden Sie vielleicht diesen inquisitorischen und suchenden Blick haben, den Sie bei anderen beobachtet haben, die man vielleicht als Berufssenioren bezeichnen könnte, einen Blick, der einen Wettbewerb unter Jungen und weniger Jungen auslöst, unglücklichen Überlebenden Hilfe zu leisten. Im Augenblick finden Sie diese wohlmeinenden jungen oder weniger jungen Leute möglicherweise eher amüsant, aber vielleicht sind Sie schon bald einer von denen, die meinen, dass diese Leute nicht schnell genug reagierten. Es sei denn, Sie gehören zur Kohorte still lächelnder Senioren oder Seniorinnen, die sich schon im Voraus mit Augen oder Händen bei all jenen bedanken, die noch gar keine Zeit gehabt haben, Ihnen irgendetwas anzubieten, und die ihr Vorrecht mit einer eisernen Freundlichkeit durchsetzen.

Sie sind alt, das ist eine Tatsache, aber Sie haben es noch nicht begriffen.

Wenn Sie in die Jahre kommen, stellen Sie fest, dass der Blick der anderen und Ihr Blick auf die anderen sich unmerklich verändert haben. Die erste Veränderung, die Ihnen auffällt, betrifft den Blick der anderen. Ins hohe Alter kommen heißt, ein neues Land zu entdecken, dessen Gewohnheiten zu studieren und dabei zu lernen, zwischen denen zu unterscheiden, die uns ganz natürlich empfangen, und denen, die dies nicht tun. Wenn Sie nach Hause kommen und sich in den Sessel oder vor den Computer setzen, um eine Zeitung zu lesen oder im Internet zu surfen, haben Sie ganz selbstverständlich den Eindruck, derselbe wie in früheren Jahren zu sein. Allein (endlich allein!) entgehen Sie der zuweilen allzu betonten Aufmerksamkeit, die Sie ihre körperliche Gebrechlichkeit nur besonders deutlich spüren lässt, und auch Ihrer eigenen Ungeduld mit dieser Aufmerksamkeit. Sie sind Sie selbst, wie Sie es noch nie zuvor gewesen sind.

Vielleicht fragen Sie sich, ob Sie nicht beginnen, all jene besser zu verstehen (besser spät als nie), die Sie nicht mehr sehen werden, die nicht mehr leben, denen Sie lieb waren und die Ihnen lieb waren. Falls Sie Kinder und Enkelkinder haben, fragen Sie sich, ob Sie für sie dasselbe sind, was Ihre Eltern und Großeltern einst für Sie waren, und Sie finden Gefallen daran, die Gegenwart im Licht Ihrer Vergangenheit zu betrachten.

Zu den Freuden des Alters gehören auch die privilegierten Beziehungen zwischen Großeltern und Enkeln und im weiteren Sinne zwischen alternierenden Generationen. Sie wissen, dass Sie soziale Beziehungen brauchen, um weiterleben zu können. Hier bietet sich Ihnen eine Chance, sich leichter an eine Zeit rascher Veränderungen anzupassen. Meine Enkelkinder lassen mich nicht alt erscheinen, wenn sie mir die Bedienung eines elektronischen Geräts erklären. Sie zeigen mir, wie ich meinerseits versuchen kann, sie über andere Aspekte der Realität zu informieren. Wir bleiben Zeitgenossen, so wie mein Großvater und ich dies einst waren.

Ein letzter Hinweis: Es heißt oft, das Alter sei vom Gedanken an das unausweichliche Ende und vom Wissen um den Tod beherrscht. Die angeblich tröstliche Bedeutung, die den Heilsreligionen in diesem Zusammenhang zugeschrieben wird, erscheint mir von jeher als – gelinde gesagt – ambivalent. Mozarts Genie bringt in seinem *Requiem* die Wirkung des Schreckens zum Ausdruck, den der Gedanke an das Jüngste Gericht auslöst und der in diesem Gedanken gesucht wird. Die Kraft des christlichen Monotheismus basierte lange und basiert heute noch auf dem Postulat der Erbsünde, die jedes individuelle Leben als Versuch definiert, Vergebung zu erlangen. In dieser Hinsicht war der antike Stoizismus, bevor er unter den Einfluss der Platoniker und des Christentums geriet, von einer gesunden Nüchternheit geprägt, wie Paul Veyne dies in seiner Einleitung zur französischen Übersetzung von Senecas *De tranquilitate animi* anmerkt: «Die Stoiker entdeckten einen neuen Gegenstand, das Ich, und eine neue, dem allgemeinen Bewusstsein damals noch unbekannte Motivation: das Ich als Ideal. Sie kennen keine Demut, keine Schuld und keinen Respekt vor diesem übernatürlichen Objekt, der unsterblichen Seele, die tun muss, was Gott ihr aufgegeben hat. Sie gehorchen weder einem Gott noch einer kollektiven Moral.» Seneca schreibt an seinen Freund Serenus: «Was ist schwierig daran, dorthin zurückzukehren, woher wir gekommen sind? […] Oft sterben wir, weil wir Angst vor dem Sterben haben.» Zu den Freuden des Alters gehört häufig auch die Fähigkeit, diese Angst zu überwinden und daher die Freuden des Lebens um ihrer selbst willen schätzen zu können. Seneca schreibt weiter, zwar sei «beim Wein Mäßigung heilsam», aber die Seele müsse manchmal «dennoch zu ausgelassener Freiheit ermuntert» werden. Und er verweist auf Aristoteles, der gesagt habe: «Kein Genie gibt es ohne eine Beimischung von Wahnsinn.»

Das Wissen um das Unvermeidliche hat durchaus positive Auswirkungen auf Menschen, die Seneca vielleicht gar nicht gelesen haben, aber dennoch gewisse Schlüsse mit ihm teilen – ein wenig beschämt vielleicht, weil sie sich dazu bekennen, glücklich zu sein, wenn auch nur auf unsichere und vergängliche Weise. Und das zu einer Zeit, in der gar nicht fern von uns andere Menschen jeglichen Alters unter der Wut ihrer Henker leiden.

Das Alter lehrt uns, in der Gegenwart, also gleichsam «von einem Tag auf den anderen» zu leben und aus der Gegenwart alles herauszuholen, was sie zu bieten vermag. Ein neues Verhältnis zu sich selbst und der Verzicht darauf, eine Rolle zu spielen, gehören zu den Empfehlungen, die Seneca dem Serenus zusammen mit einigen praktischen Ratschlägen gibt: Er solle ruhig einen Spaziergang im Freien unternehmen (das sei wie ein heilsamer Peitschenhieb) oder sich betrinken (um seine Sorgen zu vergessen). Die ausgesprochen prosaischen Ratschläge Senecas an seinen jungen Verwandten richteten sich an einen leicht deprimierten Menschen. Es gehört zu den glücklichen Folgen des Alters, dass es diese Ratschläge unnötig macht und nahezu selbstverständlich erscheinen lässt in den Augen all derer, die gelernt haben, dass die stets flüchtige Gegenwart die einzig greifbare Realität ist.

Epilog

Die Liste der alltäglichen Freuden und Glücksmomente ist endlos. Die des Unglücks und Elends ist es ebenfalls, und ich versuche hier nicht, erstere aufzuzählen, um letztere zu verheimlichen. Das Elend des Lebens, das ist zunächst einmal jene Armut, die Einsamkeit, Krankheit, Ermüdung und Langeweile verstärkt oder sogar auslöst. Das Elend des Lebens, das ist Zurückweisung durch den oder die anderen, wenn man seiner selbst überdrüssig ist oder sich selbst verachtet. Das Elend des Lebens, das ist das Spektakel arroganter Finanzleute oder bornierter Bekehrungseiferer. Das Elend des Lebens ist das alltägliche Schauspiel der Dummheit, der Grausamkeit, des Egoismus oder der Gleichgültigkeit.

Dennoch bemüht sich jeder von uns, sein Leben nach besten Kräften zu leben, mehr oder weniger gut, mehr oder weniger schlecht. Dieses Unterfangen habe ich hier zu analysieren versucht. Zunächst einmal ist das ein spontaner Versuch, nicht auf der Stelle zu treten, sondern sich in Raum oder Zeit zu bewegen. Die Bewegung selbst hat etwas von einem Ausweichen oder einem Anlauf, von Flucht oder Rückeroberung und macht es möglich, trotz allem weiterzumachen. Am Ende dieser Bewegung entsteht, sofern sie denn gelingt, eine neue symbolische Tatsache, ein neues Verhältnis – und damit zugleich auch ein neues «Glück, das sich trotz aller Widrigkeiten einstellt».

Ein Beispiel ist hier die «Trauerarbeit», die Weisheit der traditionellen Kulturen hat Wege gefunden, sie zu erleichtern. In meiner bretonischen Familie waren in den siebziger Jahren Begräbnisse für die Cousins, die fern voneinander wohnten, die Gelegenheit, wieder einmal in dem Dorf zusammenzukommen, an das sie alle einige Ferienerinnerungen besaßen. Wir weinten aufrichtig über den Tod eines unserer Vorfahren, empfanden aber auch Freude über unser Wiedersehen. Solch ein Wiedersehen gab es nur noch anlässlich eines Begräbnisses. Hätte uns allein der Wunsch nach einem Wiedersehen bewegt, hätten wir ihm auch in anderer Weise nachkommen können. Aber das Zusammentreffen veränderte sich. Von einem Trauerfall zum nächsten entstand eine gemeinsame Erinnerung. Die nächsten Angehörigen des Verstorbenen waren bewegt, wenn sie sahen, dass ihre Cousins sie besuchten, und wir empfanden vorübergehend eine affektive Solidarität, die sich der Wiederkehr dieser Ausnahmesituation verdankte.

In dem Dorf, aus dem ihr Mann stammte, hatte meine Urgroßmutter, eine Witwe mit sieben Kindern, während des Ersten Weltkriegs Zuflucht gesucht. Ihre beiden Söhne waren gefallen, und sie lebte dort mit einer ihrer Töchter. Die übrigen Töchter hatten ihre eigenen Schicksale, fanden sich aber teils vor, teils nach dem Zweiten Weltkrieg gleichfalls dort ein. Ihre zahlreichen Kinder waren dem Dorf treu geblieben, und die Kinder dieser Kinder, darunter auch ich selbst, verbrachten dort den größten Teil ihrer Sommerferien.

Seit Beginn der siebziger Jahre erlebten wir den Übergang von einer Generation zur nächsten. Das Totenmahl, das der Beisetzung folgte, brachte uns die letzten Überlebenden der vorangegangenen Generation näher, ließen sie sich doch gelegentlich zu Vertraulichkeiten hinreißen und erzählten von vergangenen Rivalitäten, Spannungen, Intrigen, von denen die Jüngeren allenfalls in Andeutungen gehört hatten und die nun im Munde der Älteren ein letztes Mal zu neuem Leben erwachten. Eine Erinnerung jagte die andere. Die familiäre Ökumene siegte über den Groll oder den Hader eines anderen Zeitalters. Wir genossen das Glück, uns in der Zeit entfernt, aber im Raum angenähert zu haben – für den Zeitraum des Begräbnisses Komplizen der institutionellen List der katholischen

Kirche und der heidnischen Tugenden der Tischgemeinschaft.

Überraschend an diesen Augenblicken kollektiver Trauer war, was wir daraus machten. Wir verwandelten das Ereignis in eine Manifestation geteilten Glücks. Das war ganz eindeutig eine kollektive Schöpfung, Ergebnis einer Trauerarbeit, die uns allen erleichtert wurde durch das Bewusstsein, dass wir uns nicht nur eines ganzen Komplexes im Verschwinden begriffener Erinnerungen entledigt hatten, sondern auch der Bande und Rollen, die gleichwohl unsere Teilnahme an dem Begräbnis erklärten und rechtfertigten.

Ich habe in diesem Buch immer wieder an ganz persönliche Erlebnisse erinnert. Wie könnte es auch anders sein, da ich mich entschlossen hatte (obwohl ich ursprünglich keineswegs von mir sprechen wollte), den Blick auf Ereignisse zu werfen, die zwar gewiss nichts Außergewöhnliches haben, aber doch von jedem ganz individuell erlebt werden?

Ich bin nicht in der Lage, wie Alain Badiou den «kürzesten Weg zum wahren Leben» aufzuzeigen, jenem Leben, von dem Rimbaud sagte, dass es abwesend sei. Aber ich versuche deutlich zu machen, hauptsächlich anhand von Beispielen, die ich selbst ein wenig kenne und die aus der Literatur wie auch aus meiner eigenen Geschichte stammen, dass jeder Einzelne zu jener Selbstüberschreitung fähig ist, die in den Augen des Philosophen eine Voraussetzung für Glück darstellen. Die «Erfindung des Alltäglichen» (ein weiterer Begriff, den ich bei Michel de Certeau entlehne) lässt sich besonders gut auf eine Forschung anwenden, die sich in erster Linie mit der bei jedem Menschen anzutreffenden Fähigkeit befasst, durch schöpferische Initiativen ganz bewusst die Voraussetzung für eine glücklichere Beziehung zu den anderen herzustellen.

Alain Badiou definiert das von ihm sogenannte neue Subjekt, das er als «Subjekt des Glücks» begreift, durch drei grundlegende Merkmale. Zunächst einmal schafft es etwas, aber dabei tut es nicht einfach, «wozu es Lust hat». Sein Modell ist hier der Künstler, der sich eine auf Innovation bedachte Disziplin auferlegt, um Formen einer neuen Darstellung der Realität zu finden, oder auch der wissenschaftliche Forscher, der dasselbe tut. Zweitens ist das neue Subjekt nicht in eine individuelle Identität eingeschlossen. Das Kunstwerk oder die wissenschaftliche Entdeckung betreffen die gesamte Menschheit. Und drittens entdeckt dieses neue Subjekt sich «in sich selbst» und ist fähig, etwas zu tun, von dem es gar nicht wusste, dass es dazu fähig ist. So lässt sich das Glück als ein «Sieg über die Endlichkeit» definieren. Es ist das Gegenteil jener Befriedigung, die aus dem

Bewusstsein resultiert, dass man den Platz einnimmt, den die Welt einem bietet. Badiou spricht über das Verhältnis, das zwischen dem Glück und politischer Emanzipation, künstlerischem Schaffen, wissenschaftlicher Erfindung oder – im Fall der Liebe – Selbstveränderung besteht, insofern es sich dabei um Prozesse handelt, in denen der Einzelne sich als Subjekt entdeckt.

Seine *Philosophie des wahren Glücks* handelt gleichsam vom Gegenteil des im Prolog angesprochenen «Glücks als Trend», dessen Selbstverwirklichungsrezepte ganz im Bereich der Konsumbefriedigung verbleiben; zugleich ist sie auch Ansporn und Ausdruck von Zuversicht. Zuversicht eines Philosophen, der sich «glücklich» fühlt, weil er es versteht, «gegen die Meinungen und im Dienste einiger Wahrheiten zu denken». Ansporn für die Leser seiner Bücher, weil sie mit ihm die Erfahrung der Immanenz des wahren Lebens und des Glücks dieser Immanenz teilen.

Der Anspruch des Anthropologen ist etwas bescheidener, und er fühlt sich der «Wahrheiten», die ihm helfen, gegen die «Meinungen» zu denken, nicht so sicher wie der Philosoph. Aber er glaubt dennoch, in dem Glücksstreben, das er im aufkeimenden Zustand bei den von ihm Beobachteten und zunächst einmal bei sich selbst wahrnimmt, etwas von der Erfahrung zu erkennen, von der der Philosoph spricht. Schließlich hat auch der Philosoph die Freuden des Schreibens erlebt oder jenes Glück, das man empfindet, wenn man als Schauspieler oder Vortragsredner das Wort ergreift. Zweifellos hat auch er Landschaften und Lieder genossen und sich ganz persönlich gefragt, was es heißt, zu leben. Auch seine Konzeptualisierungen haben ihre Grundlage oder finden ihre Bestätigung in seiner intuitiven Wahrnehmung der Immanenz des Erlebten, die von einigen Details des alltäglichen Lebens ausgeht.

Der Anthropologe bleibt bei dieser Wahrnehmung stehen und sucht nach deren Entsprechung bei den anderen, wobei er glücklich ist, wenn einige seiner persönlichen Intuitionen ein Echo bei ihnen finden. Denn die Zeit der auf Unterschiede bedachten Ethnographien ist vorbei. Wenn die Vielfalt der heutigen Welten eine Realität ist, widerspricht das weder dem Übergewicht des herrschenden ökonomischen Systems, für das tendenziell jeder Mensch ersetzbar ist, noch den Reaktionen auf diesen Zustand, die von zweierlei Art sind: einerseits Gewalt in all ihren Ausprägungen und andererseits das Bewusstsein einer Einheit der Menschheit, die über alle Unterschiede hinausgeht und von der sowohl die Fortschritte der Wissenschaft als auch die Werke der Kunst und der Literatur zeugen. Die Wege zu analysieren, die unsere Zeitgenossen einschlagen, um trotz allem Gründe und Gelegenheiten zu finden, sich glücklich zu fühlen und sich als glücklich zu bezeichnen, ist unter diesen Umständen eine hilfreiche und begeisternde Aufgabe.

Bonheurs du jour, Glück des Tages – der Ausdruck hat in der Tat mehrere Bedeutungen.

Ein Glück nach dem Geschmack des Tages zunächst. Das Glück des Konsums für jene, die es sich leisten können.

Ein alltägliches Glück sodann. Das Glück der Begegnung – mit einem Gesicht, einer Landschaft, einem Buch, einem Bild oder einem Lied, einer übernommenen und neuerfundenen Andersartigkeit. Das zuweilen nur einen Augenblick währende und rasch wieder verschwundene Glück, das man jedoch im Gedächtnis bewahrt. Das Glück der Rückkehr oder des ersten Mals – der Erinnerung und der Treue. All diese Glücksmomente existieren nur für jene, die sie so sehr herbeiwünschen, dass sie zu deren Erfindern werden, trotz der Zeitläufte, trotz der Zweifel und Ängste. Aber sie sind auch Glücksmomente für alle, unabhängig von Herkunft, Kultur und Geschlecht. Glücksmomente des Widerstands, dessen Idee trotz der heutigen Mittelmäßigkeit stets neu bleiben wird. Es handelt sich hier zweifellos um glückliche Augenblicke, die sich trotz aller Widrigkeiten einstellen.

Es wäre reichlich anmaßend, wollte man das Glück oder selbst auch Glücksmomente zum Wesensmerkmal der heutigen Menschheit erklären. Aber man müsste blind sein, sähe man nicht, dass die Menschen stets ein trickreiches Spiel mit Raum und Zeit treiben, um den Versuch eines symbolischen Daseins zu machen und sich als Erfinder ihres je eigenen Lebens fühlen zu können. Wenn ihnen das gelingt, empfinden sie eine Befriedigung, die auf dem gleichzeitigen Bewusstsein ihrer individuellen Existenz und ihrer Beziehungen zu anderen basiert. Zu diesem Bewusstsein gehört auch das innerste Empfinden des eigenen Leibes. Genau diese Augenblicke eines vollkommenen Bewusstseins bezeichne ich als Glücksmomente. Zusammen bilden sie den schmalen Weg, der das Dasein des Menschen als Gattungswesen sichtbar macht und der eines Tages, sofern denn alle Menschen ihn einschlagen, zu einer wirklichen Bewusstwerdung des Menschengeschlechts führen könnte. Die Glücksmomente wären dann Entwurf und Versprechen einer besseren Zukunft.

Marc Augé bei C.H.Beck

Nicht-Orte

Aus dem Französischen von Michael Bischoff

4. Auflage. 2014. 137 Seiten. Broschiert

Beck Paperback Band 1960

Tagebuch eines Obdachlosen

Ethnofiktion

Aus dem Französischen übersetzt von Michael Bischoff

2012. 103 Seiten. Paperback

Beck'sche Reihe Band 6020

Lob des Fahrrads

Mit Zeichnungen von Philip Waechter

Aus dem Französischen von Michael Bischoff

4. Auflage. 2017. 104 Seiten mit 12 Zeichnungen.

Gebunden

Verlag C.H.Beck